KB105305

The Merchant of Venice

베니스의 상인

베니스의 상인

Copyright©2011 YBM | All rights reserved. No part of this publication may be reproduced, stored in a retrieval system, or transmitted in any form or by any means, electronic, mechanical, photocopying, recording, or otherwise, without the prior written permission of the publisher.

First edition: January 2011

TEL (02)2000-0515 | FAX (02)2271-0172
ISBN 978-89-17-23778-8

서면에 의한 YBM의 허락 없이 내용의 일부 혹은 전부를 인용 및 복제하거나 발췌하는 것을 금합니다.
▶ 낙장 및 파본은 교환해 드립니다. 구입 철회는 구매처 규정에 따라 교환 및 환불 처리됩니다.

YBM Reading Library 는 ...

쉬운 영어로 문학 작품을 즐기면서 영어 실력을 크게 향상시킬 수 있도록 개발된 독해력 완성 프로젝트입니다. 전 세계 어린이와 청소년들에게 재미와 감동을 주는 세계의 명작을 이제 영어로 읽으세요. 원작에 보다 가까이 다가가는 재미와 명작의 깊이를 느낄 수 있을 거예요.

350 단어에서 1800 단어까지 6단계로 나누어져 있어 초·중·고 어느 수준에서나 자신이 좋아하는 스토리를 골라 읽을 수 있고, 눈에 쉽게 들어오는 기본 문장을 바탕으로 활용도가 높고 세련된 영어 표현을 구사하기 때문에 쉽게 읽으면서 영어의 맛을 느낄 수 있습니다. 상세한 해설과 흥미로운 학습 정보, 퀴즈 등이 곳곳에 숨어 있어 학습 효과를 더욱 높일 수 있습니다.

이야기의 분위기를 멋지게 재현해 주는 삽화를 보면서 재미있는 이야기를 읽고, 전문 성우들의 박진감 있는 연기로 스토리를 반복해서 듣다 보면 리스닝 실력까지 크게 향상됩니다.

세계의 명작을 읽는 재미와 영어 실력 완성의 기쁨을 마음껏 맛보고 싶다면, YBM Reading Library와 함께 지금 출발하세요!

YBM Reading Library

책을 읽기 전에 가볍게 워밍업을 한 다음, 재미있게 스토리를 읽고, 다 읽고 난 후 주요 구문과 리스닝까지 꼭꼭 다지는 3단계 리딩 전략! YBM Reading Library, 이렇게 활용하세요.

Before the Story

People in the Story
스토리에 들어가기 전, 등장인물과 만나며 이야기의 분위기를 느껴 보세요~

In the Story

★ **스토리**

재미있는 스토리를 읽어요. 잘 모른다고 멈추지 마세요. 한 페이지, 또는 한 chapter를 끝까지 읽으면서 흐름을 파악하세요.

★★ **단어 및 구문 설명**

어려운 단어나 문장을 마주쳤을 때, 그 뜻이 알고 싶다면 여기를 보세요. 나중에 꼭 외우는 것은 기본이죠.

★ Bassanio could not wait to see Portia and ask for her hand in marriage.

"She will be surprised to see me," he said to Gratiano. "I didn't let her know I was coming."

"Will she accept your proposal, do you think?" asked Gratiano.

"I hope so," said Bassanio. "I'm sure she cares for me. If she refuses me, my life is over."

"Why would she refuse you, my friend?" said Gratiano. "She is not only beautiful, but also wise and kind. She will want to marry for love. I'm sure of that."

"I pray you are right, Gratiano," said Bassanio.

★ ★ ★ ⓐ Portia에 대한 설명으로 맞는 것은?
a. She is beautiful.
b. She is unintelligent.
c. She is Antonio's wife.

정답 a

★ ★ 1 **ask for one's hand in marriage** 청혼하다
Bassanio could not wait to see Portia and ask for her hand in marriage. 바사니오는 빨리 포샤를 만나 청혼하고 싶어 견딜 수가 없었다.

2 **not only A but also B** A뿐만 아니라 B도
She is not only beautiful, but also wise and kind.
그녀는 아름다울 뿐만 아니라 현명하고 친절하기도 하다네.

36 · The Merchant of Venice

★ ★ ★ **돌발 퀴즈**
스토리를 잘 파악하고 있는지 궁금하면 돌발 퀴즈로 잠깐 확인해 보세요.

servants are yours, my love. Take this ring. With give you all that I have. I will do whatever you ask of me. You are the master here and I will belong to you, forever."

She gave a golden ring to Bassanio. He accepted it and promised that he would wear it forever.

Mini-Lesson

도치: only + 부사구 + 조동사/do동사 + 주어 + 동사원형

Mini-Lesson
너무나 중요해서 그냥 지나칠 수 없는
알짜 구문은 별도로 깊이 있게 배워요.

★★
☐ care for …을 좋아하다
☐ be over 끝나다
☐ be sure of …을 확신하다

Check-up Time!
한 chapter를 다 읽은 후 어휘, 구문,
summary까지 확실하게 다져요.

Focus on Background
작품 뒤에 숨겨져 있는 흥미로운 이야기를
읽으세요. 상식까지 풍부해집니다.

After the Story

Reading X-File 이야기 속에 등장했던
주요 구문을 재미있는 설명과 함께 다시 한번~

Listening X-File 영어 발음과 리스닝 실력을 함께
다져 주는 중요한 발음법칙을 살펴봐요.

MP3 Files
www.ybmbooksam.com에서 다운로드 하세요!

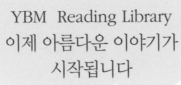

YBM Reading Library
이제 아름다운 이야기가
시작됩니다

The Merchant of Venice

_ Before the Story

About William Shakespeare &
The Merchant of Venice 8
People in the Story 10

_ In the Story

Chapter 1
The Moneylender 14
Check-up Time 26

Chapter 2
The Contract 28
Check-up Time 38

Chapter 3

The Proposal 40
Check-up Time 52
Focus on Background 54

Chapter 4

The Debt 56
Check-up Time 68

Chapter 5

The Trial 70
Check-up Time 86

Chapter 6

The Ring 88
Check-up Time 104

_ **After the Story**

Reading X-File 이야기가 있는 구문 독해 108
Listening X-File 공개 리스닝 비밀 파일 112
Story in Korean 우리 글로 다시 읽기 116

William Shakespeare

(1564~1616)

윌리엄 셰익스피어는 …

영국이 낳은 세계 최고의 극작가로 잉글랜드 중
부의 소읍 스트랫퍼드에서 출생하였다. 어린 시
절은 비교적 부유했으나 13세 무렵부터 가세
가 기울어 대학에는 진학하지 못했다. 1590년
무렵 런던에 정착하여 극작활동을 시작한 그는
1594년 궁내부 극단의 간부가 되면서 평생 이 극
단의 전속 작가로 활동했다.

총 37편의 희곡을 쓴 셰익스피어는 〈한여름 밤의 꿈(A
Midsummer Night's Dream), 1595〉, 〈뜻대로 하세요(As You Like
It), 1599〉 등의 희극으로 입지를 다진 후 잘 알려진 4대 비극 〈햄릿
(Hamlet), 1601〉, 〈오셀로(Othello), 1604〉, 〈리어왕(King Lear),
1605〉, 〈맥베스(Macbeth), 1606〉를 통해 불후의 명성을 지닌 작가로
자리매김하게 되었다. 비록 대학교육을 받지는 못했으나, 타고난 언어 구사
능력과 무대 예술에 대한 천부적인 감각, 인간에 대한 심오한 이해력은 그
를 위대한 작가로 만드는 데 부족함이 없었다.

셰익스피어는 연극을 매개로 하여 최고의 운문을 보여주었으며, 극장의 구
조적 제약을 뛰어넘는 문학적, 연극적 상상력과 탁월한 표현력으로 시대를
뛰어넘어 세계 최고의 시인이자 극작가로 평가 받고 있다.

The Merchant of Venice

베니스의 상인은 …

1596년 발표된 5막짜리 희극으로, 베니스의 악명 높은 유대인 고리대금업자 샤일록과 선량한 상인 안토니오와의 기이한 계약과 그에 대한 재판을 다루고 있다.

어느 날 베니스의 상인이자 대금업자인 안토니오의 절친한 친구 바사니오가 그를 찾아와 벨몬트에 사는 포샤에게 구혼하기 위해 필요한 돈을 빌려달라고 한다. 마침 수중에 돈이 없던 안토니오는 고리대금업자 샤일록을 찾아가 자신의 살 1파운드를 담보로 돈을 빌려 바사니오에게 준다. 그 돈을 여비로 하여 벨몬트로 간 바사니오는 결국 포샤와 결혼하게 되지만, 안토니오는 배가 침몰하여 제때 돈을 갚지 못하고 살 1파운드를 내어주어야 하는 처지에 놓인다. 이 소식을 들은 포샤는 남장을

하고 그 재판을 심리하는 법관이 되어 '살은 베어가되 피를 흘려서는 안 된다' 는 기막힌 판결로 안토니오를 구한다.
〈베니스의 상인〉은 강렬한 권선징악의 이야기 구조가 돋보이는 희극이자, 무대 흥행에도 성공한 가장 대중적인 작품으로 지금까지도 전세계인들로부터 식지 않는 사랑을 받고 있다.

People in the Story

베니스를 방문해 등장 인물들을
살펴볼까요?

Shylock
고리대금업자. 사람들에게 높은 이자를
받고 돈을 빌려주어 많은 재산을 모은다.
안토니오에게 살 1파운드를 담보로 돈을
빌려준다.

Antonio
인정 많은 상인이자 대금업자. 친구
바사니오를 위해 샤일록에게 돈을
빌리지만, 지불기한을 지키지 못해
생명이 위험에 처하게 된다.

Nerissa
포샤의 시녀.
포샤를 도와 서기관으로
가장하여 법정에 간다.
.

Gratiano
안토니오와 바사니오의 친구.
바사니오와 함께 벨몬트에
방문했다가 네리사를 만나
사랑에 빠진다.

Portia
바사니오의 아내. 아름답고 현명한
여인으로 안토니오가 위기에
처하자 법관으로 가장하여
그를 구한다.

Bassanio
안토니오의 절친한 친구.
포샤와 결혼하기 위해 안토니오의
담보로 샤일록에게 돈을 빌린다.

a Beautiful Invitation
– YBM Reading Library

The Merchant of Venice

William Shakespeare

The Moneylender

대금업자

Many years ago, a Jewish moneylender named Shylock lived in Venice. He had become very rich by lending money to Christian merchants at interest. [1] The amount of interest he charged varied. Often, this meant that if Shylock lent a merchant one hundred ducats*, the merchant would repay him one hundred and thirty ducats. Sometimes it was more.

더커트는 옛날 유럽에서 사용한 금화나 은화예요.

- □ moneylender 대금업자
- □ Jewish 유대인의
- □ Christian 기독교도의; 기독교도
- □ merchant 상인, 무역업자
- □ at interest 이자를 붙여서
- □ charge A (on B) (B에) A를 청구하다
- □ repay A B A에게 B를 갚다

- □ on time 제때에
- □ take property 재산을 빼앗다
- □ goods 상품; 물건
- □ exceed …을 넘다, 초과하다
- □ loan 대부(금)
- □ tough in business 사업상 가혹한
- □ unpopular with …사이에 평판이 나쁜

---

1 lend + 사물(A) + to + 사람(B) A를 B에게 빌려주다 (= lend B A)
He had become very rich by lending money to Christian merchants at interest.
그는 기독교 상인들에게 이자를 받고 돈을 빌려줌으로써 엄청난 부자가 되었다.

And if the merchant did not pay on time, Shylock would take property or other goods from the merchant. The value of these goods usually exceeded the value of the loan. Shylock was very tough in business, so he was very unpopular with the men of Venice.

A young merchant named Antonio also lent money to people, but he never charged interest. He was very kind. Everyone loved him because he was always willing to help people. Antonio hated Shylock for [1] making money from other people's misfortunes.

Shylock hated Antonio just as much. Many people preferred to borrow from Antonio, and this lost Shylock a lot of business. And Antonio openly insulted Shylock and criticized him for [2] his hard deals. So Shylock secretly planned ways to get his revenge.

More importantly, Shylock hated Antonio because Antonio was a Christian. And Antonio hated Shylock because he was a Jew. Shylock and Antonio were no ³ different from other men of their time. All Jews hated Christians and all Christians hated Jews. They didn't understand each other's religion or culture. They hated each other instead of trying to understand.

□ be willing to + 동사원형 기꺼이 …하다
□ make money from …로 돈을 벌다
□ misfortune 불운, 불행
□ just as much 꼭 같은 만큼
□ prefer to + 동사원형 …하는 것을 더 좋아하다
□ borrow from …에게서 빌리다
□ lose + 사람(A) + 사물(B) A에게 B를 잃게 하다 (lose-lost-lost)

□ openly 공공연하게, 공개적으로
□ insult 모욕하다; 모욕
□ deal 거래
□ get one's revenge 복수하다
□ more importantly 더 중요한 것은
□ Jew 유대인, 유대교 신자
□ time 시대
□ religion 종교

1 **hate + 목적어(A) + for ...ing(B)** B하다고 A를 미워하다
Antonio hated Shylock for making money from other people's misfortunes. 안토니오는 다른 사람들의 불행으로 돈을 번다고 샤일록을 미워했다.

2 **criticize A for B** A가 B한다고 비난하다
Antonio openly insulted Shylock and criticized him for his hard deals. 안토니오는 공공연하게 샤일록을 모욕했고, 그가 냉혹한 거래들을 한다고 비난했다.

3 **be no different from** …와 다르지 않다
Shylock and Antonio were no different from other men of their time. 샤일록과 안토니오는 그 시대의 다른 사람들과 다르지 않았다.

Antonio's best friend, Bassanio, was a young noble man who had only a small inheritance. Bassanio was like many young men of high rank. He spent too much money on things he didn't need. Antonio often scolded him gently about it.

"Bassanio, why don't you save your money instead of wasting it on useless things, like parties?" he said.

"But what's wrong with spending it on having a [1] good time?" said Bassanio. "I like to spend my money on my friends. And I like to travel, too."

Finally, Bassanio had almost run out of money. So he sometimes borrowed money from Antonio, who never refused to lend it to him. It seemed they had one heart and one wallet between them.

□ noble 귀족의; 고귀한
□ inheritance 상속받은 재산
□ high rank 상류 계급
□ spend A on B B에 A를 쓰다
　(spend-spent-spent)

□ scold 나무라다
□ waste A on B B에 A를 낭비하다
□ run out of money 돈이 바닥이 나다
□ refuse to + 동사원형 …하는 것을
　거절하다

1 **What's wrong with ...ing?** …하는 것이 뭐가 잘못인가?
　What's wrong with spending it on having a good time?
　즐거운 시간을 보내는 데 돈을 쓰는 것이 뭐가 잘못인가?

❓ Bassanio와 관계 없는 것은?
a. noble b. rich c. wasteful
정답은

One day, Antonio and Bassanio met in the street.

"Antonio," said Bassanio, "how are you? I was on ²
my way to visit you."

"Hello, Bassanio," said Antonio, "I'm glad to see
you. Why did you want to see me?"

"Well, I have something I want to talk to you
about," said Bassanio. "I've fallen in love."

---

² **be on one's way to + 동사원형** ···하러 가는 길이다
I was on my way to visit you. 난 자네를 만나러 가는 길이었네.

"That's great! Who is the lady?" said Antonio.

"Her name is Portia and she lives in Belmont,* " said Bassanio. "Her Father recently died and left her a large estate. She's beautiful and clever, and she has many wealthy suitors."

벨몽트는 '아름다운(bel-) 산(-mont)'이란 뜻으로 작가가 베니스와 대비시켜 지어낸 이상향이에요.

"Does she love you as much as you love her?" asked Antonio.

"I believe so," said Bassanio. "When she looks at me, her eyes are full of love. I want to marry her, but I have a problem. You know I've spent most of my money. I can't ask her to marry me while I'm penniless. I need money to pay for the wedding and for a wedding gift for Portia if she accepts my proposal. I know I already owe you a lot of money, but can you lend me three thousand ducats? I promise I will pay it back."

"My friend," said Antonio, "I wish I could help, but
I've spent all of my money on merchandise for my
ships. They are trading abroad now and will soon
return to port. Until they do, I have nothing. Why
don't you ask one of the moneylenders to help? I'll
be happy to guarantee the loan. You can use my ships
as security."

"Thank you, Antonio," said Bassanio. "You are a
really good friend!"

They promised to meet later for dinner, and went
their separate ways.

□ leave ... a large estate ···에게
　막대한 유산을 남기다
□ suitor 구혼자
□ penniless 무일푼인
□ accept one's proposal
　청혼을 승낙하다
□ owe + 사람(A) + 사물(B)
　A에게 B를 빚지고 있다

□ pay ... back ···을 갚다
□ merchandise 매매 물품, 상품
□ trade abroad 해외에서 교역하다
□ return to port 귀항하다
□ guarantee 보증하다; 보증
□ as security 담보로
□ go their separate ways
　헤어지다, 각자의 길로 가다

Mini-Less·o·n

See p.108

I wish + 가정법 과거: ··· 하다면 좋을 텐데

I wish 다음에 가정법 과거 시제, 즉 과거형 동사가 오면 현재 사실과 다른 상황을
바라는 표현이 만들어져요.

• I wish I could help.　내가 도울 수 있다면 좋을 텐데.
• I wish I had a lot of money.　내게 돈이 많다면 좋을 텐데.

Bassanio asked among the moneylenders, but no one had three thousand ducats to lend him. The last person he went to was Shylock. The old Jew greeted him politely and listened to him carefully.

"Shylock," said Bassanio, "I have a request. I'd like you to lend me three thousand ducats. I'll pay you back in three months."

"Three thousand ducats for three months?" asked Shylock. "How do I know you will pay it back? I know you don't have any money now."

"Don't worry, Shylock," replied Bassanio, smiling. "My friend Antonio will guarantee the loan. If I can't pay you in three months, he will."

"Antonio?" said Shylock. He stroked his chin and thought for a moment. "He is a good man. He has many assets, but right now he doesn't have much cash. I know that he has spent all his money to buy trading goods for his ships. But ships are only wood and sailors are only men. The ships could be attacked by pirates, or they could run into storms and sink. He could easily lose everything."

□ ask among (셋 이상)에게 묻다
□ greet (손님 등)을 맞다
□ politely 공손하게
□ request 요청, 요구
□ pay ... back …에게 갚다
□ stroke one's chin 턱을 쓰다듬다
□ for a moment 잠시 동안

□ asset 자산, 재산
□ cash 현금, 현찰
□ be attacked by …의 공격을 받다
□ pirate 해적
□ run into …을 우연히 만나다
□ sink 가라앉다, 침몰하다

"So will you lend me the money or not, Shylock?"
said Bassanio.

"There are many risks in Antonio's business," said
Shylock. "However, he is a rich man so I will lend
you the money with his guarantee. But, I would
prefer to talk to him before we sign a contract.
May I speak with him?"

"Yes, of course," said Bassanio.
"I'm meeting him for dinner.
Why not dine with us while
we discuss this?"

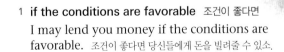

☐ **risk** 위험(성)
☐ **sign a contract**
　계약서에 서명하다
☐ **Why not + 동사원형?**
　…하는 것이 어떤가?
☐ **dine with** …와 식사하다
☐ **be allowed to + 동사원형**
　…하는 것이 허용되다
☐ **pork** 돼지고기

1　**if the conditions are favorable** 조건이 좋다면
　I may lend you money if the conditions are
　favorable.　조건이 좋다면 당신들에게 돈을 빌려줄 수 있소.

"No," said Shylock. "Christians are allowed to eat pork, but I can't. I will buy from you and sell to you. I will talk with you and walk with you. I may lend you money if the conditions are favorable. But I will not [1] eat with you, drink with you, or pray with you."

"Very well," said Bassanio. "I'll bring Antonio to you. I won't be long."

Bassanio went away to get his friend.

⚖ Check-up Time!

빈칸에 들어갈 알맞은 단어를 고르세요.

religion	proposal	loan	contract

1 The value of goods exceeded the value of the _____.

2 Christians and Jews didn't understand each other's _____ or culture.

3 I need money to pay for the wedding if Portia accepts my _____.

4 I would prefer to talk to him before we sign a _____.

● STRUCTURE

괄호 안의 두 단어 중 알맞은 것에 동그라미 하세요.

1 Antonio hated Shylock (for / of) making money from other people's misfortunes.

2 Shylock and Antonio were no different (on / from) other men.

3 What's wrong with (spend / spending) money on parties?

ANSWERS

Structure : 1. for 2. from 3. spending
Words : 1. loan 2. religion 3. proposal 4. contract

다음은 누가 한 말일까요? 기호를 써넣으세요.

a.

Antonio

b.

Shylock

c.

Bassanio

1 "When she looks at me, her eyes are full of love." _____

2 "How do I know you will pay it back?" _____

3 "You can use my ships as security." _____

● SUMMARY

빈칸에 맞는 말을 골라 이야기를 완성하세요.

Many years ago in Venice, there were two (　　). One, who was named Shylock, was very unpopular because of his hard deals. The other was Antonio who never charged (　　) on his loans. They hated each other. Antonio had a best friend, Bassanio. Bassanio wanted to marry a lady named Portia but he was (　　). So he borrowed three thousand ducats from Shylock with Antonio's (　　).

a. interest

b. guarantee

c. penniless

d. moneylenders

ANSWERS

The Contract

계약

After Bassanio left, Shylock remained alone, deep in[1]
thought.

"This is my chance to get my revenge," he thought.
"Antonio hates Jews. He insults me in front of other
merchants. And he says I am a thief for charging
interest on the money I lend. My people will be cursed
if I forgive him!"

'민족'을 뜻하는 말로, 여기에서는
'유대인들'을 가리킵니다.

Soon, Bassanio returned with Antonio. When Shylock saw Antonio, he became angry, although he did his best to appear friendly. [2]

"Antonio," said Shylock, slowly. "You have criticized me many times for charging interest on my loans. You have called me an unbeliever and spat on my Jewish clothes. You even called me a dog. Now you want me to lend you money. Does a dog have money? Could a dog lend you three thousand ducats? Why should I help you when you have treated me so badly?"

□ remain alone 홀로 남아 있다
□ be cursed 저주 받다
□ call A B A를 B라고 부르다
□ unbeliever 무신론자, 이교도

□ spit on …에 침을 뱉다
　(spit-spat-spat)
□ even 심지어
□ treat (특정한 태도로) 대하다

---

1 **deep in thought** 생각에 깊이 잠긴 채
After Bassanio left, Shylock remained alone, deep in thought.
바사니오가 떠난 후, 샤일록은 생각에 깊이 잠긴 채 홀로 남아 있었다.

2 **do one's best to + 동사원형** …하려고 최선을 다하다
He became angry, although he did his best to appear friendly.
샤일록은 친절하게 보이려고 최선을 다했지만 화가 났다.

Antonio became angry when he heard Shylock's words.

"I will probably call you a dog again," he said. "I may spit on you again, and insult you too. Don't lend me this money as a friend. Lend it to me as an enemy. Then, if I miss the payment, you may happily collect the penalty."

"You are so angry!" said Shylock. He pretended to be surprised. "Antonio, I would like to be your friend. I'll forget all your insults and lend you the money without interest. I want to help you."

Antonio couldn't believe his ears![1]

"Yes," said Shylock, still pretending to be kind, "I would like you to love me, so I won't charge interest on the loan. Let's go to a notary and sign a contract now. I know you will pay, but what if you don't?"

"Don't worry, Shylock. I will pay you back," said Antonio.

---

[1] **cannot believe one's ears** …의 귀를 의심하다
Antonio couldn't believe his ears! 안토니오는 자신의 귀를 의심했다!

[2] **make + 목적어(A) + 목적보어(B)** A를 B로 만들다
We can make the penalty a joke.
우리는 위약금을 장난〔농담〕으로 만들 수 있소.

"Well, I think I need some kind of a guarantee. Three thousand ducats is a lot of money, isn't it? Hmm ... We can make the penalty a joke. Just for fun, what [2] about a pound of your flesh? And it will be cut from any part of your body that I choose."

☐ enemy 적
☐ miss the payment 결제
  기한 일을 놓치다
☐ collect 징수하다
☐ penalty 위약금
☐ pretend to + 동사원형 …하는 척하다
☐ notary 공증인
☐ just for fun 단지 재미로
☐ a pound of …의 1파운드
☐ flesh 살; 고기

Antonio was shocked by Shylock's proposal.

"That's ridiculous! I'll pay you some interest if I'm late with the payment."

"Do you think I'd take interest from a fellow moneylender?" said Shylock. "Why are you so suspicious? This contract is only a joke! What is the value of a pound of your flesh? What would I gain? A pound of mutton or beef is worth more. I offer this contract in friendship. You may take it or leave it." [1]

Antonio found it difficult to believe that Shylock [2] was willing to help him. But the Jew was very persuasive and Antonio gradually changed his mind.

"Unbelievable!" he said quietly to Bassanio. "Is it possible? The Jew actually seems to be kind. I'm surprised that there is so much goodness in him."

---

[1] **take it or leave it** 그것을 택하든지 말든지 하다
You may take it or leave it.
그것을 택하든지 말든지 하시오.

[2] **find it difficult to + 동사원형(A) + that절(B)** B한 것을 A하기 어렵다
Antonio found it difficult to believe that Shylock was willing to help him. 안토니오는 샤일록이 기꺼이 자신을 도와주려는 것을 믿기 어려웠다.

"Antonio," said Bassanio. "You must not sign such a contract for me."

"Don't worry, my friend," said Antonio. "My ships will arrive soon. And the goods they carry are worth many times the value of this small loan." ☀

"Don't do it, Antonio!" said Bassanio. "The penalty is too severe. I would never forgive myself if you had to pay it."

But Antonio was confident that his ships would return before the due date. So he agreed to sign the contract, thinking it was only a joke.

☐ proposal 제안; 청혼
☐ ridiculous 터무니없는, 어리석은
☐ be late with …에 늦다
☐ fellow 동료, 친구
☐ suspicious 의심하는
☐ mutton 양고기
☐ in friendship 우정으로

☐ persuasive 설득력 있는
☐ gradually 점차
☐ unbelievable 믿기 어려운
☐ severe 가혹한; 극심한
☐ be confident+that절
　　…을 확신하다
☐ due date (지불) 만기일

Mini-Less☀n

See p.109

숫자 / 수량(A) + times + 명사(B): B의 A배
· The goods they carry are worth many times the value of this small loan.
　배가 싣고 오는 물건들은 이 약소한 빚의 가치의 몇 배라네.
· He was three times the size of me.　그는 내 덩치의 세 배나 되었다.

Bassanio was relieved to have the money Antonio had borrowed from Shylock.

"I'm sorry that you had to borrow from Shylock to help me," he said to Antonio. "I know how much you dislike dealing with that Jew. But thank you so much. You're the best man I know."

"Don't worry about it," said Antonio. "My ships will come back soon and I will repay Shylock all that I owe him. For now, forget about the money and just think about Portia."

"I hope she accepts my proposal," said Bassanio. "As soon as she gives me her answer, I'll send word to you."

"I can't wait to meet her," said Antonio. "She [1] sounds like a kind and intelligent woman. I'm sure she won't turn you down. Hey, why don't you ask Gratiano to go with you to Belmont? You might want some company on the journey."

"That's a great idea," said Bassanio.

The two friends shook hands, and the next day, Bassanio and Gratiano boarded a ship for Belmont. In Bassanio's pocket were the three thousand ducats ☀ Antonio had borrowed from Shylock.

☐ be relieved to + 동사원형
　…해서 안도하다
☐ dislike ...ing …하는 것을 싫어하다
☐ deal with …와 거래하다
☐ for now 우선은, 당분간은
☐ send word to …에게 전갈을 보내다

☐ intelligent 이지적인, 현명한
☐ turn ... down …을 거절하다
☐ company 동행자, 동반자
☐ on the journey 여행 길에
☐ board a ship for …로 가는
　배에 타다

1　can't wait to + 동사원형 빨리 …하고 싶어 견딜 수가 없다
　I can't wait to meet her. 빨리 그녀를 만나고 싶어 견딜 수가 없네.

Mini-Less☀n

도치: 장소를 나타내는 부사구 + 동사 + 주어

In Bassanio's pocket were the three thousand ducats. '바사니오의 호주머니에는 3천 더커트가 들어있었다.' 는 주어(the three thousand ducats)와 동사(were)의 위치가 바뀌었는데요, 이는 장소를 나타내는 부사구(In Bassanio's pocket)를 강조하기 위해 문장 맨 앞에 두었기 때문이랍니다.

• By the lake sat a very sad lonely man. 호수 옆에는 매우 슬프고 외로운 남자가 앉아있었다.

Bassanio could not wait to see Portia and ask for[1] her hand in marriage.

"She will be surprised to see me," he said to Gratiano. "I didn't let her know I was coming."

"Will she accept your proposal, do you think?" asked Gratiano.

"I hope so," said Bassanio. "I'm sure she cares for me. If she refuses me, my life is over."

"Why would she refuse you, my friend?" said Gratiano. "She is not only beautiful, but also wise[2] and kind. She will want to marry for love. I'm sure of that."

"I pray you are right, Gratiano," said Bassanio.

 Portia에 대한 설명으로 맞는 것은?
a. She is beautiful.
b. She is unintelligent.
c. She is Antonio's wife.

 정답 e

---

1 **ask for one's hand in marriage** 청혼하다
Bassanio could not wait to see Portia and ask for her hand in marriage. 바사니오는 빨리 포샤를 만나 청혼하고 싶어 견딜 수가 없었다.

2 **not only A but also B** A뿐만 아니라 B도
She is not only beautiful, but also wise and kind. 그녀는 아름다울 뿐만 아니라 현명하고 친절하기도 하다네.

□ care for ⋯을 좋아하다
□ be over 끝나다
□ be sure of ⋯을 확신하다

⚖ Check-up Time!

● **WORDS**

단어와 단어의 뜻을 서로 연결하세요.

1 ridiculous •   • a. very strong or harsh

2 suspicious •   • b. smart and knowledgeable

3 severe •   • c. very foolish and unreasonable

4 intelligent •   • d. tending to believe that
  something is wrong

● **STRUCTURE**

주어진 단어들을 어순과 문형에 알맞게 쓰세요.

1 Unbelievable! I _____ _____ _____ _____
  it possible. (would, have, thought, not)

2 I _____ _____ _____ meet her!
  (can't, to, wait)

3 She is _____ _____ beautiful _____ _____
  wise. (only, also, not, but)

ANSWERS

Words | 1. c 2. d 3. a 4. b
Structure | 1. would not have thought 2. can't wait to
3. not only, but also

사건이 일어난 순서대로 기호를 쓰세요.

a. Bassanio left for Belmont to ask Portia to marry him.

b. Shylock wanted a guarantee for the loan.

c. Bassanio brought Antonio to Shylock to borrow money.

d. Antonio signed the contract, thinking his ships would be back soon.

(   ) → (   ) → (   ) → (   )

● SUMMARY

빈칸에 맞는 말을 골라 이야기를 완성하세요.

Antonio went to Shylock with Bassanio to talk about the (   ). Shylock said he would lend money in friendship, and asked for a pound of Antonio's (   ) as a penalty if the payment was late. Antonio agreed to the (   ) because he was (   ) that his ships would return safely. The next day, Bassanio boarded a ship for Belmont with his friend Gratiano to visit Portia.

a. loan
b. contract
c. flesh
d. confident

The Proposal
청혼

Portia was a beautiful young woman. Many men wanted to marry her, but she was not free to choose [1] a husband. Her father had made sure of that before he died. He had left behind three caskets, one made of gold, one of silver, and one of lead. Inside one of these caskets was a tiny portrait of Portia.

Any man who wished to marry Portia had to [2] decide which casket contained her portrait. If the suitor chose correctly, he would marry Portia. But if he chose the wrong casket, he had to remain a bachelor all his life. It was risky, but despite this condition, Portia had many suitors.

---

1 **not free to** + 동사원형 마음대로 …하지 못하는
She was not free to choose a husband.
그녀는 마음대로 남편을 고르지 못했다.

□ make sure of …을 확실히 하다
□ leave behind …을 남기다 (leave-left-left)
□ casket 장식함, 작은 상자
□ made of …로 만들어진
□ lead 납
□ tiny 아주 작은

□ portrait 초상
□ contain …가 담겨 있다
□ correctly 맞게, 바르게
□ bachelor 독신 남자
□ risky 위험한
□ despite …에도 불구하고

2 **any man who + 동사** …하는 사람은 누구든지

Any man who wished to marry Portia had to decide which
casket contained her portrait.
포샤와 결혼하기를 원하는 사람은 누구든지 그녀의 초상이 있는 상자를 골라내야 했다.

The Prince of Morocco was the first suitor. He looked at the three caskets. The lead casket was ugly, so he ignored it. But the gold casket and the silver casket were both beautiful, and it was hard to choose between them. Finally, he chose the gold one.

"Open it, Sir," said Portia, "and if my picture is inside, I will be your wife."

The Prince opened the casket with trembling hands. But Portia's portrait wasn't inside it! Instead, he found a golden skull. The Prince was so disappointed that for a moment he couldn't speak. A sheet of paper was rolled up in the skull's eye socket. The prince picked it up, unrolled it and read:

All that glitters is not gold; [1]
Often you have heard that told!

□ Morocco 모로코(아프리카 북서쪽의 국가)
□ ignore …을 무시하다
□ it is hard to + 동사원형 …하는 것이 어렵다
□ with trembling hands 떨리는 손으로
□ skull 두개골
□ disappointed 실망한
□ a sheet of … 한 장

□ be rolled up 둘둘 말려 있다
□ eye socket 눈구멍
□ unroll (두루마리 등)을 펴다
□ glitter 반짝반짝 빛나다
□ go away 가버리다
□ Thank goodness! 고마워라!
□ maid 시녀

The Prince dropped the paper and quickly went away. Portia was happy to see him go.

"Thank goodness!" she said to her maid, Nerissa. "I didn't like him at all. I wouldn't have wanted to marry him."

Other suitors came. Some were old, all were rich, but none chose correctly.

1 **all that ... not** …하는 모든 것이 ~은 아니다 (부분 부정)
   All that glitters is not gold. 빛나는 모든 것이 금은 아니다.

Then Portia's servant brought news of another visitor.

"Mistress," he said, "a young man has come from Venice. He is young and handsome, but no prince."

"I don't want to see any more suitors today," said Portia. "I don't care how young and handsome they [1] are."

"But what if it's Bassanio? Isn't he from Venice?" [2] said Nerissa.

Portia's eyes sparkled.

☐ Mistress 여자 주인
☐ be from …출신이다
☐ sparkle 반짝이다
☐ show ... in …을 안으로
　　안내하다

"Yes, Bassanio is from Venice," said Portia. "I hope it's him! You know I've cared deeply for Bassanio for a long time. He is handsome and gentle, kind and intelligent. He is much better than all of the other  men who want to marry me!"

"Then why not see if it is him?" said Nerissa.

"Show the gentleman in," said Portia to the servant.

---

1 **I don't care + how 절** 얼마나 …하든 상관없다
I don't care how young and handsome they are.
그들이 얼마나 젊든 잘생겼든 상관없어.

2 **What if 절 … ?** 만일 …라면 어쩌지?
What if it's Bassanio? 만일 바사니오 님이시라면 어쩌죠?

Mini-Less☀n

비교급 수식 부사

much, even, far, a lot 등의 부사가 형용사의 비교급 앞에 쓰이면 '훨씬 더 …한'
이라는 뜻을 만든답니다.

• He is much better than all of the other men who want to marry me!
  그분은 나와 결혼하기 원하는 다른 어떤 분보다 훨씬 더 나아!
• James is even stronger than you. 제임스는 너보다 훨씬 더 힘이 세다.

A young man entered the room. It was Bassanio!

Portia was delighted, and said with a happy smile, "Bassanio, Nerissa thought it might be you. It's good to see you. Why are you here?"

"I'm happy to see you again, too, Portia," said Bassanio. "I've come to ask for your hand in marriage."

"I wish with all my heart that I could say yes, but I can't," said Portia, sadly. "First, you must find my portrait in one of these caskets."

"My happiness depends on it," said Bassanio.

"And mine," said Portia, softly. "My heart is locked away in one of the caskets. I'm sure that if you truly love me, you will find it!"

Bassanio walked slowly over to the three caskets. Portia was very worried. What if he chose the wrong casket?

□ might be …일지도 모르다
□ with all one's heart 진심으로
□ depend on …에 달려 있다
□ be locked away in …안에 잠겨져 있다
□ be fooled by …에 속다
□ appearance 외양, 겉모습
□ hidden 숨겨진
□ ordinary 평범한
□ pale 창백한
□ common 흔한, 보통의
□ metal 금속
□ years of happiness
　다년간의[오랫동안의] 행복

"People are often fooled by appearances," said
Bassanio. "But I know that objects of great beauty
are often found hidden among ordinary things. So
I won't choose the gold casket. Gold is for rich
men. And silver is a pale, common metal. I choose
lead because it is honest and ordinary. I hope that
my decision brings me years of happiness!"

Bassanio opened the casket. Inside was a small, beautiful portrait of Portia! He was so happy that for a moment he couldn't speak. Now he could marry her! But there was one thing he was still worried about.

"My love, I am so happy now!" he said. "But, I have a confession to make. Although my family is a noble one, I have no fortune. I'm not good enough for you."

"Bassanio," replied Portia, "I have loved you for such a long time. You are a good, kind and honest man and I do not need a wealthy husband. I have enough for both of us."

Bassanio took Portia in his arms and said, "I will love you forever."

"My love, I wish I were ten thousand times more beautiful and ten thousand times richer. Only then would I be worthy of you." said Portia.

☐ have a confession to make
　　고백할 게 있다
☐ fortune 재산
☐ take ... in one's arms ⋯을 품에 안다
☐ be worthy of ⋯에게 걸맞다

☐ palace 대저택
☐ rule 다스리다, 지배하다
☐ whatever + 주어(A) + 동사(B)
　　A가 B하는 것은 무엇이든지
☐ ask of ⋯에게 요구(요청)하다

Bassanio was delighted and thankful that Portia loved him so deeply.

"Everything that I have is yours," continued Portia. "Yesterday, I was the lady of this palace. I ruled my servants and had no master. Now this palace and these servants are yours, my love. Take this ring. With it, I give you all that I have. I will do whatever you ask of me. You are the master here and I will belong to you, forever."

She gave a golden ring to Bassanio. He accepted it and promised that he would wear it forever.

Mini-Less·ⵙ·n

See p.110

도치: only + 부사구 + 조동사/do동사 + 주어 + 동사원형

「only + 부사구」를 강조하기 위해 문두에 둘 때는 어순이 도치되어 「조동사 + 주어 + 동사원형」이 되는데, 동사가 일반동사인 경우에는 인칭과 시제가 표시된 do동사를 앞으로 내보내고 「주어 + 동사원형」의 어순을 취한답니다.

· Only then would I be worthy of you. 그때야 제가 당신과 걸맞은 여인일 것 같아요.
· Only recently did he realize the truth. 최근에야 그는 진실을 깨달았다.

Over the next few days, Gratiano and Nerissa fell in love, too. Gratiano asked if he and Nerissa could marry at the same time as Bassanio and Portia. Bassanio and Portia were very surprised, and happily agreed to Gratiano's request.

"I didn't know you two wanted to get married," cried Portia. "Of course you may share our wedding day. I can't think of anything better!" [1]

That evening, the two couples were married. Bassanio and Gratiano wore golden rings and promised never to take them off. They were the happiest men in the world.

? 본문의 내용과 다른 것은?

a. Gratiano wanted to marry Nerissa.
b. Portia rejected Gratiano's request.
c. Gratiano wore a golden ring, too.

□ over the next few days 그 후〔다음〕 며칠 동안
□ at the same time as …와 동시에
□ get married 결혼하다
□ share 함께〔공동으로〕 쓰다
□ promise never to + 동사원형 절대 …하지 않겠다고 약속하다
□ take ... off …을 빼다

1 **can't think of anything better** 더 이상 좋은 것을 생각할 수 없다
I can't think of anything better! 난 더 이상 좋은 것을 생각할 수 없어!

Check-up Time!

● **WORDS**

퍼즐의 빈칸에 들어갈 알맞은 철자를 써서 단어를 완성하세요.

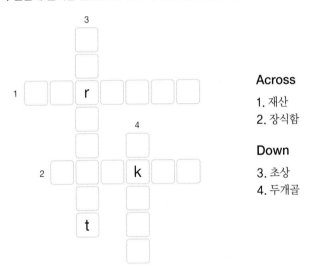

Across

1. 재산
2. 장식함

Down

3. 초상
4. 두개골

● **STRUCTURE**

빈칸에 알맞은 단어를 골라 문장을 완성하세요.

1 She was not free _____ a husband.

   a. to choose   b. choosing   c. choose

2 I don't care _____ young and handsome they are.

   a. who   b. what   c. how

ANSWERS

Structure | 1. a 2. c

Words | 1. fortune 2. casket 3. portrait 4. skull

본문의 내용과 일치하면 T, 일치하지 않으면 F에 표시하세요.

1   Portia's father left behind three caskets.   ☐T ☐F

2   Portia had cared for Antonio for a long time.   ☐T ☐F

3   Bassanio found Portia's small portrait in the
    gold casket.   ☐T ☐F

4   A sheet of paper was rolled up in the skull's
    eye socket in the gold casket.   ☐T ☐F

● SUMMARY

빈칸에 맞는 말을 골라 이야기를 완성하세요.

> Portia had many (   ) who had to choose the casket
> which contained her portrait. None chose correctly,
> but Bassanio succeeded. Portia was delighted, and
> gave him everything she owned as well as a golden
> (   ). Bassanio promised never to (   ) it off. His
> friend Gratiano fell in love with Portia's maid Nerissa.
> The two happy couples got (   ) at the same time.

a. married   b. ring

c. suitors   d. take

ANSWERS

물의 도시 베니스

Venice, the City of Water

Venice is a city in north-eastern Italy known both for tourism and industry. It is the capital of the region of Veneto, with a population of about 272,000. The city is built on an archipelago of 117 small islands formed by 177 canals. The islands are connected by 409 bridges. In the old centre of Venice, the canals serve as roads.

Venice's economy has greatly changed throughout history. In the 13th century, it was a major maritime power. By the 17th century, it had evolved into an extremely wealthy Republic, an important center of commerce and art, and a leader in political and economic affairs. One hundred years later, its power had faded away.

Although Venice was founded as a Christian city, it also has a historic Jewish Community. This is the Venetian Ghetto, where Jews were compelled to live during the Middle Ages. They were, however, still allowed to have contact with their Christian neighbors. William Shakespeare's play *The Merchant of Venice*, written in 1596, features Shylock, a Venetian Jew and his family.

베니스는 이탈리아 반도의 북동쪽에 위치하고 있는 도시로, 유명한 관광지이자 산업의 중심지예요. 베네토 주의 주도이며 인구는 약 27만 2천 명 정도예요. 117개의 작은 섬으로 이루어졌으며, 섬들은 177개의 운하로 연결되어 있어요. 이 섬들은 409개의 다리로 연결되어 있어요. 베니스의 옛 중심지에서 운하는 교통로 역할을 했답니다.

베니스의 경제는 역사 속에서 크게 변화해왔어요. 13세기에 베니스는 주요 해상권을 장악하고 있었지요. 17세기까지 베니스는 상업과 예술의 주요 중심지이자 정치 및 경제적 선두의 위치로, 매우 부유한 공화국으로 번창해 왔어요. 그로부터 백 년 후 그 힘은 서서히 퇴색되어 갔지요. 베니스는 기독교 도시로 세워졌지만, 역사적인 유대교 구역도 있었어요. 베니스의 게토라는 구역으로 중세 시대에 유대인들은 이곳에서 살아야 했어요. 그럼에도 이웃 기독교도들과의 접촉은 여전히 존재했지요. 1596년에 쓰여진 윌리엄 셰익스피어의 희곡 〈베니스의 상인〉은 베니스의 한 유대인인 샤일록과 그의 가족을 특징으로 삼고 있답니다.

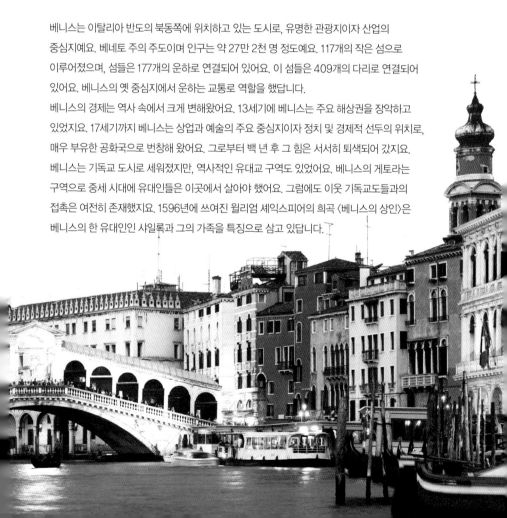

The Debt

빚

A few days later, a message came from Antonio. Bassanio read it and became very pale.

"What is it, my love?" cried Portia. "What has happened?"

"My darling," said Bassanio. "I told you that I was poor, but it is worse than that. I am deeply in debt. My friend Antonio borrowed money for me from Shylock, the Jew. The penalty for late payment is a pound of Antonio's flesh. Neither Antonio nor I [1] believed that the loan would not be repaid on time. But read this letter from Antonio."

□ darling 여보, 사랑하는 사람
□ deeply in debt 빚을 많이 진
□ late payment 연체, 늦은 결제
□ overdue (지불 등의) 기한이 지난
□ for the last time 마지막으로
□ human being 인간

□ at once 당장; 지체 없이
□ as you wish 좋도록, 원하는 대로
□ immediately 즉시
□ set out 출발하다
□ at great speed for …을 향해 급히

> *Dear Bassanio,*
>
> *My ships are all lost and the loan from Shylock is overdue. I have to pay the penalty to him, as the contract says. Please come, I wish to see you for the last time before I die.*

Portia was shocked. What kind of a man would want to cut a pound of flesh from another human being?

"Oh, my love," cried Portia, "I will give you enough money to pay the debt twenty times over. You must [2] leave at once to save your dear friend. My wealth is yours so you can use it as you wish."

Bassanio and Gratiano immediately set out at great speed for Venice.

---

1 **neither A nor B** A뿐 아니라 B도 … 않은
Neither Antonio nor I believed that the loan would not be repaid on time. 안토니오뿐 아니라 나도 빚을 제때 갚지 못할 것이라고는 생각지 않았소.

2 **복수 숫자+times over** …배 넘게〔초과하게〕
I will give you enough money to pay the debt twenty times over.
빚을 20배 넘게 갚을 수 있는 충분한 돈을 드릴게요.

In Venice, Bassanio and Gratiano found Antonio in prison. He looked very pale and weak.

"Dear friend," said Bassanio. "I'll go to Shylock and pay back the money. I am sure he'll take it and let you go free. He has never refused money before."

"Dear Bassanio," said Antonio, weakly. "You are so kind, but I think it's too late. This time, money won't help. Shylock wants to take a pound of flesh from me. Everyone has tried to talk him out of it, even the [1] Duke of Venice. But they all failed."

"Why on earth does he want to do this?" [2]

"He hates me so much that he wants to kill me. That's all."

"Don't worry too much," said Bassanio. "I'll talk to Shylock. I'll try my best to make him change his mind. I'll come back soon."

 Antonio의 생각으로 알맞은 것은?
a. "Shylock will take money."
b. "Shylock will give up taking my flesh."
c. "Shylock wants to kill me."

□ go free 석방되다; 해방되다
□ duke 공작
□ fail 실패하다

□ try one's best to + 동사원형
　…하기 위해 최선을 다하다
□ change one's mind 마음을 바꾸다

1　**talk + 사람(A) + out of + 사물(B)** A에게 B하지 말라고 설득하다
　Everyone has tried to talk him out of it.
　모든 사람이 그자에게 그 짓을 하지 말라고 설득했네.

2　**Why on earth ... ?** 도대체 왜 … ?
　Why on earth does he want to do this?
　도대체 왜 그자는 이런 일을 하려는 거지?

Bassanio and Gratiano went to talk to Shylock. But matters had become worse and Shylock was angrier [1] ☀ than ever. His daughter, Jessica, had recently run away to marry a Christian man. The man's name was Lorenzo and he was a friend of Antonio's.

Shylock didn't know Lorenzo, but that didn't matter. The only things that mattered were that ☀ Lorenzo was a Christian and a friend of Antonio's.

□ run away 도망가다
□ only child 외동
□ furious 몹시 화가 난

□ deceive 속이다, 기만하다
□ disown …와 의절(절연)하다
□ reason to + 동사원형 …할 이유

1 비교급 + than ever 그 어느 때보다도 더
Matters had become worse and Shylock was angrier than ever.
상황은 악화되어 있었고 샤일록은 그 어느 때보다도 더 분노에 차 있었다.

Mini-Less ☀n

matter의 여러 가지 뜻

matter는 명사로 '일, 문제'의 뜻이지만 복수형으로 쓰이면 '상황, 사태'의 뜻도 된답니다. 또한 동사로는 '문제가 되다; 중요하다'의 뜻으로 쓰이니 주의하세요.

- Matters had become worse and Shylock was angrier than ever.
  상황은 악화되어 있었고 샤일록은 그 어느 때보다 더 분노에 차 있었다.
- Shylock didn't know Lorenzo, but that didn't matter.
  샤일록은 로렌조를 몰랐지만 그것은 문제가 되지 않았다.

Although Jessica was Shylock's only child and he loved her, he was furious. She had deceived him so he had disowned her. And now Shylock had even more reason to hate all Christians, especially Antonio.

Bassanio and Gratiano found Shylock in the town center.

"Here," said Bassanio to Shylock. "I have the money to pay the loan. I will gladly pay more. I will give whatever you ask if you let Antonio go free."

"No!" said Shylock. "Go away! I don't want your money. Antonio signed the contract and agreed to the penalty. I don't care how much money you offer me. I will have my pound of flesh!"

"Please, I beg you. Tell me your price and I'll pay it."

"I want a pound of Antonio's flesh. That's all," said Shylock.

Bassanio realized that Shylock would not change his mind. He could do nothing more for his dearest friend. He waited for the trial with a troubled mind.

☐ town center 도시 중심부
☐ beg …에게 애원〔간청〕하다
☐ Tell me your price. 원하는
　가격을 말해 보시오.

☐ dearest 가장 친애하는〔소중한〕
☐ trial 재판
☐ with a troubled mind 괴로운 마음으로

Meanwhile, in Belmont, Portia had begun to worry too.

"Perhaps the judge will decide against Antonio," [1] she thought. "If that happens, Bassanio will never forgive himself. I must do something, I know! I'll write to my cousin, Bellagio. He's a judge, so he will help me."

She wrote to Bellagio and explained why she was interested in the case. She asked for his advice and asked him to send her the robes he wore in a court.

Bellagio's letter of advice
and the judge's robes soon
arrived. Bellagio wrote
that he had been ²
appointed to hear the
case to help the Duke
of Venice. He told
Portia what to do. And
he also enclosed a letter for the Duke.

Portia put on Bellagio's robe and made Nerissa dress
as a law clerk. Then they set out immediately and
arrived in Venice on the day of the trial.

□ judge 법관, 판사
□ case 소송 사건
□ robe 예복, 법복
□ court 법정

□ hear the case 사건을 심리하다
□ enclose 동봉하다
□ dress as …로 차려 입다
□ law clerk 법관의 서기

¹ **decide against** …에게 불리하게 판결하다
Perhaps the judge will decide against Antonio.
아마 법관님은 안토니오에게 불리하게 판결하실 거야.

² **be appointed to + 동사원형** …하도록 위촉되다
Bellagio wrote that he had been appointed to hear the case to
help the Duke of Venice.
벨라지오는 자신이 베니스의 공작을 도와 그 사건을 심리하도록 위촉되었다고 썼다.

The two women entered the court just before the case was about to be heard. The Duke of Venice was to oversee the trial. Everyone had been talking about the trial for days and the court room was crowded. They all knew that Shylock was mean and greedy. And they loved Antonio because he was kind and helpful. They wanted to know what would happen to him. It was a very important trial.

□ be about to + 동사원형
　막 …하려던 참이다
□ oversee 감독하다
□ for days 여러 날 동안, 며칠 동안
□ crowded （사람들이) 붐비는
□ mean 비열한
□ greedy 탐욕스러운

□ wig 가발
□ disguise 숨기다, 변장하다; 변장
□ youthful 앳되어 보이는
□ recognize A in A's disguise
　변장한 A를 알아보다
□ courage 용기
□ court official 법정 위원

Portia gave the Duke the letter from Bellagio. The letter said that Bellagio was too sick to hear the case. And he asked the Duke to allow the young judge who carried the letter to take his place. [1]

The Duke was surprised at how young the judge was, but he agreed. Neither the judge's robe nor the judge's wig could disguise Portia's youthful appearance.

Portia saw Bassanio in the court, but he did not recognize her in her disguise. He was standing next to Antonio. She could see that he was very afraid for his friend. Portia knew she had an important job to do and this gave her courage.

Just then, a court official called for the people to [2] be quiet. The trial was about to begin.

---

1 **take one's place** …을 대신하다
He asked the Duke to allow the young judge who carried the letter to take his place. 벨라지오는 그 편지를 가지고 가는 젊은 법관에게 자신을 대신하게 해 달라고 공작에게 요청했다.

2 **call for + 사람(A) + to + 동사원형(B)** A에게 B할 것을 요청하다
Just then, a court official called for the people to be quiet. 바로 그때, 법정 위원은 청중들에게 정숙할 것을 요청했다.

⦿ Check-up Time!

● WORDS

빈칸에 들어갈 알맞은 단어를 고르세요.

1 They immediately _____ out at great speed for Venice.

    a. begged   b. deceived   c. set

2 Judge's wig couldn't _____ Portia's youthful appearance.

    a. disguise   b. recognize   c. oversee

3 Bellagio sent a letter of advice to Portia and also _____ a letter for the Duke.

    a. disowned   b. enclosed   c. failed

● STRUCTURE

빈칸에 알맞은 단어를 보기에서 골라 써넣으세요.

nor	against	over

1 Perhaps the judge will decide _____ Antonio.

2 I will give you enough money to pay the debt twenty times _____.

3 Neither Antonio _____ I believed that the loan would not be repaid on time.

(ANSWERS)

Structure | 1. against 2. over 3. nor
Words | 1. c 2. a 3. b

본문의 내용에 맞게 알맞은 단어를 골라 문장을 완성하세요.

1 Shylock's daughter Jessica ran away to marry a

_____ .

　　a. Christian　　　b. Jewish　　　c. moneylender

2 Shylock wanted Antonio's _____ as the penalty for the late payment.

　　a. ships　　　b. money　　　c. flesh

● SUMMARY

빈칸에 맞는 말을 골라 이야기를 완성하세요.

One day, Bassanio received a letter from Antonio. It said that his ships were ( ) and he had to pay the penalty to Shylock. So Bassanio immediately left for Venice with the money. In Venice, Bassanio found Shylock and wanted to repay him, but Shylock ( ). Meanwhile, Portia decided to pretend to be a ( ) to help her husband. So she asked his cousin, Bellagio to send her judge's ( ).

a. robes　　　　　　　b. lost

c. judge　　　　　　　d. refused

ANSWERS

CHAPTER 5

The Trial

재판

When the trial began, the Duke spoke to Antonio.

"I am sorry for you," he said. "You have a heartless enemy. Shylock is not capable of feeling pity or mercy."

Your Grace는 '폐하, 각하'라는 뜻으로 높은 신분의 사람을 부르는 호칭이랍니다.

"I heard that Your Grace has tried to make him change his mind," said Antonio.

"Thank you for your kindness. But Shylock is stubborn and the law cannot save me. So I will suffer his anger with patience and a peaceful spirit."

Then the Duke called Shylock into the court. Shylock entered with an arrogant expression on his face.

"Shylock," said the Duke, "you are obviously doing this because you hate Antonio. But everyone thinks you just want to scare him. I think so too. We believe that at the last minute, you will change your mind. Forget the penalty of a pound of flesh. Why on earth would you ask for such a thing? It is inhuman. We all expect you to show pity, Jew."

"I have already explained what I want," said Shylock. "And I will have it. It is my right by law. And if you deny the law, no one will want to do business in this city. You ask me why I choose to have a pound of flesh. It is because I want it and because I hate Antonio."

□ heartless 냉혹한, 비정한
□ capable of ... ing …하는 것이 가능한
□ mercy 자비
□ stubborn 완고한, 고집스러운
□ patience 인내
□ arrogant 오만한

□ expression 표정; 표현
□ obviously 명백히, 확실히
□ at the last minute 마지막 순간에
□ inhuman 비인간적인
□ right 권리
□ by law 법에 근거한

Bassanio was so furious that he could not remain silent.

"This answer does not excuse your cruelty!" he cried.

"I don't have to make excuses to you!" shouted Shylock. "I don't care what you think of me!"

"It is no use arguing with the Jew, Your Grace," [1] said Antonio. "You may as well stand on the beach [2] and tell the tide to stop. Please stop arguing with him and make a judgment to give the Jew what he wants."

"I offer you six thousand ducats," said Bassanio to Shylock. He held out the money. "It is double what the loan was worth. Look, here it is! Take it."

"You could offer me thirty six thousand ducats and I wouldn't take it," said Shylock. "I want the penalty Antonio agreed to."

---

1 **it is no use ... ing** ···해 봐야 소용없다
It is no use arguing with the Jew, Your Grace.
저 유대인과 논쟁해 봐야 소용없습니다, 각하.

2 **may as well + 동사원형** ···하는 편이 낫다
You may as well stand on the beach and tell the tide to stop.
해변에 서서 파도에게 멈추라고 하는 편이 낫습니다.

Again, the Duke tried to persuade Shylock to withdraw the penalty, but without success.

"But what am I doing wrong?" asked Shylock. "You have many slaves and you treat them like animals. Because you bought them, you think you can treat them like dogs and beasts of burden. But what if I ask you to let them be free? You would say that the slaves are yours to do whatever you want with. Well, it is the same for me. A pound of Antonio's flesh belongs to me because he did not repay his loan. It is lawfully mine and I will have it. I ask for a fair judgment. Give it to me!"

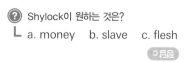

❓ Shylock이 원하는 것은?
└ a. money　b. slave　c. flesh

정답 c

□ remain silent 침묵을 지키다
□ excuse …의 변명이 되다
□ cruelty 잔인함, 잔혹성
□ make an excuse to …에게 변명하다
□ argue with …와 논쟁하다
□ tide 파도
□ make a judgment 판결을 내리다
□ hold out 내밀다 (hold-held-held)

□ persuade + 목적어 (A) + to + 동사원형 (B) A에게 B하라고 설득하다
□ withdraw 철회하다
□ but without success 하지만 성과가 없었다
□ beast of burden 짐 나르는 짐승
□ lawfully 합법적으로
□ fair 공정한

The Duke gave up trying to change
Shylock's mind. He had nothing
more to say, so he turned to
Portia.

"Come forward and join me,"
he said.

Portia sat down beside the
Duke.

"Are you familiar with the case?" asked the Duke.

"I am," said Portia. "Bellagio has explained it to me
carefully."

"Very well," said the Duke. "Antonio and Shylock,
both come forward."

Antonio and Shylock stood before the judge.

"Shylock, this is a strange case," said Portia, "but it
is within Venetian law. Antonio, is the contract
correct?"

"It is," said Antonio.

□ give up ...ing …하는 것을 포기하다
□ come forward 앞으로 나오다
□ be familiar with …을 잘 알다
□ Venetian 베니스의
□ correct 옳은, 정확한
□ merciful 자비로운, 관대한
□ blessing 축복 *cf.* bless 축복하다
□ seek justice 정의를 추구하다
□ useless 소용없는
□ sin 죄
□ prayer 기도
□ award A B A에게 B를 주다

"Then the Jew must be merciful," said Portia.

"Why must I?" said Shylock. "Tell me that."

"Because mercy is a blessing," said Portia. "It falls like gentle rain from heaven onto the earth. It blesses the one that gives and the one that receives the blessing. Think, Shylock! We may all seek justice on this earth. But justice is useless without mercy. When we die, we ask God to forgive our sins. We pray to Him* for mercy, and our prayer teaches us to show mercy."

대문자로 쓰인 He, Him, His 등은 '하느님; 신'을 가리킨답니다.

"Whatever happens¹ to me will happen!" cried Shylock. "I want the law to award me my flesh."

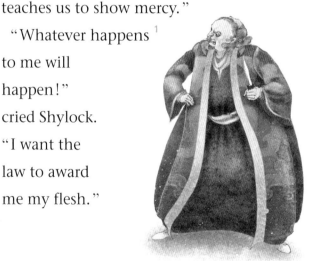

---

¹ **Whatever happens to me will happen.** 될 대로 되라고 하시오.
"Whatever happens to me will happen!" cried Shylock.
"될 대로 되라고 하시오!" 샤일록이 소리 질렀다.

Portia looked at Shylock for a moment and then she turned to Bassanio.

"Can you pay the money for Antonio?" she said.

"Yes, I have twice the amount here in the court," said Bassanio. "And if that is not enough, I can pay ten times that much. If Shylock will not take that offer, then I beg you to change the law. Change it just once to stop this cruel devil."

"I can't change the law," said Portia. "Please, let me see the contract."

Shylock gave it to her and she read it carefully.

"The contract is lawful," she said quietly. "This Jew may legally claim a pound of flesh. It is to be cut off [1] by Shylock from near Antonio's heart."

She looked at Shylock and said, "Be merciful. Take three times the money you are owed and let me tear up the contract."

- ☐ twice the amount 두 배의 액수
- ☐ cruel 사악한, 잔인한
- ☐ devil 악마, 마귀
- ☐ legally 합법적으로
- ☐ claim (마땅한 권리로서) 요구하다
- ☐ tear up (종이 등)을 찢다
- ☐ comment 해석, 논평
- ☐ proceed 진행하다
- ☐ chest 가슴
- ☐ in wisdom 지혜에 있어서
- ☐ carry out 실행하다
- ☐ appear (글 등에) 언급되다; 나타나다
- ☐ scales 저울
- ☐ weigh …의 무게를 달다

"I will tear up the contract when he pays the penalty!" said Shylock. "You seem to be a good judge. You know the law, and your comments have been very helpful. I ask you to proceed by the law. I swear there is nothing anyone can say to change my mind. I want my pound of flesh. It is my right."

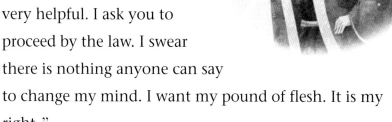

"It is your right, and it is the law. Then Antonio must prepare his chest for your knife."

Shylock was very happy! He blessed the young judge. He said the judge was much older in wisdom than in years.

"The purpose of the law is to carry out the penalty that appears in the contract," said Portia. "Do you have scales here to weigh the flesh, Shylock?"

"I have them ready," said Shylock.

---

1 be동사 + to + 동사원형 ···해야 하다
   It is to be cut off by Shylock from near Antonio's heart.
   살점은 샤일록에 의해 안토니오의 가슴 부근에서 베어져야 하오.

Portia looked at Antonio with pity.

"You, merchant, have you anything to say?" she said.

"Not much," said Antonio, weakly.

He turned to Bassanio, and said, "I am ready. Give me your hand, dear friend. Farewell! Don't grieve or blame yourself for this. Tell your honorable wife about me and the way I died. Say how I loved you and speak kindly of me. When you explain this to her, she will know that you had a loving friend."

"Antonio, I have a wife who is as dear as life itself," said Bassanio. "But neither my life nor my wife is worth more to me than you. I would give anything to save you from this evil devil."

---

1 **it is good of** + 사람(A) + **to** + 동사원형(B) B하다니 A는 좋은 사람이다
"It is good of you to wish her dead," said Nerissa.
"아내가 죽기를 바라다니 당신은 좋은 사람이군요." 네리사가 비꼬았다.

"Your wife would not thank you for valuing her so little," said Portia.

"I love my wife too," said Gratiano. "I wish she were in heaven, so that she could ask our Lord to change the mind of this bad-tempered Jew."

"It is good of you to wish her dead," said Nerissa. [1]

"This is how Christian husbands act," said Shylock. "I have a daughter who has married a Christian. I would prefer she were married to anyone else. ☀ Even an ancestor of the thief, Barabbas,★ would be preferable to a Christian!"

바라바는 신약 성서에 등장하는 인물로, 예수와 같은 재판 석상에서 축제일 특사로 석방된 강도이자 살인자예요.

- ☐ Farewell! 잘 있게!
- ☐ grieve 비통해 하다, 슬퍼하다
- ☐ blame oneself for ···에 대해 자신을 책망하다
- ☐ honorable 고귀한, 훌륭한
- ☐ evil 사악한

- ☐ value ···의 가치를 평가하다
- ☐ bad-tempered 고약한 성미의
- ☐ wish + 목적어 (A) + 목적보어 (B) A가 B이기를 바라다
- ☐ ancestor 조상
- ☐ be preferable to ···보다 낫다

Mini-Less☀n

would prefer + 가정법 과거 시제 절

See p.111

would prefer 뒤에 가정법 과거 시제가 들어간 절이 오면 현재 사실의 반대 상황을 가정하는 '(차라리) ···한 편이 나을 것 같다' 라는 뜻이 된답니다. 주어가 3인칭 단수라도 be동사는 were로 쓰기도 한다는 점에 주의하세요.

- I would prefer she were married to anyone else.
  (차라리) 전 딸애가 아무하고나 결혼한 편이 나을 것 같습니다.
- I would prefer you were poor. (차라리) 네가 가난한 편이 나을 것 같다.

Portia finally made her judgment. She looked directly at Shylock.

"A pound of Antonio's flesh is yours," she said. "The court awards it and the law allows it. And you must cut this flesh off his breast."

"Thank you, judge!" cried Shylock.

He sharpened his long knife again, and looked eagerly at Antonio.

"Come, prepare for the knife!" he said.

"Wait a minute!" said Portia. "There is something else. You know this contract does not give you one drop of blood. You may legally take a pound of flesh. But if you shed one drop of Christian blood, you will be in serious trouble. Your lands and goods will be taken by the laws of Venice."

Shylock didn't know what to say. His face turned red with anger.

□ look directly at …을 똑바로 보다
□ sharpen (날카롭게) 갈다
□ look eagerly at …을 노려보다
□ shed 흘리다
□ in serious trouble 큰 곤경에 처한
□ nonsense 터무니 없는 말〔행동〕
□ spill (액체 등)을 흘리다, 쏟다
□ cheer 환호하다
□ exact 정확한
□ term 용어

"I don't believe it!" cried Shylock. "This is nonsense! How can I cut his flesh without spilling any blood?"

The crowd in the courtroom cheered the young judge. He had saved Antonio by using the exact terms of the contract. Because the contract didn't say that Shylock could take any blood, he couldn't take any of Antonio's flesh, either!

Antonio's friends were so delighted that they shouted for joy.

"What a fine judge!" cried Bassanio. "Pay attention, [1] Jew. This is a very wise judge!"

"Are you sure that is the law?" said Shylock to Portia.

"You can read the Act yourself," said Portia. "You wanted justice, and you may have justice. So may [2] the merchant and this court."

"Oh, wise judge! Look, Jew, this is a clever judge!" cried Gratiano.

"I'll take the previous offer, then," said Shylock with a disappointed look. "Pay me twice what I'm owed and I'll let the Christian go."

Bassanio took the money to Shylock. The Jew held out his hand to take it.

☐ shout for joy 기뻐서 소리지르다
☐ Pay attention. 잘 들어라.
☐ act 법률 조항
☐ previous 이전의, 먼젓번의
☐ nothing but 오직 (= only)
☐ beware of …을 주의하다
☐ pack up (소지품 등)을 싸다

☐ attempt 시도하다
☐ intended victim
　　의도된 희생자, 겨냥된 피해자
☐ offender 가해자, 공격자
☐ state 국가, 나라
☐ kneel down 꿇어 앉다

"Stop!" cried Portia. "Shylock has already refused it. He may have only the penalty in the contract."

"May I have only the three thousand ducats?" said Shylock.

"No. I have told you before," said Portia. "The law is clear. You may have nothing but the flesh. Take it, but beware of the danger you are in."

"Let the devil have the money, then!" cried Shylock,[3] and he packed up his scales.

"Wait," said Portia. "There is more. The law of Venice has strong penalties for any person who attempts murder. The intended victim may take one half of the offender's wealth. The other half is to be taken by the state. And the offender's life is in the Duke's hands. So kneel down and beg the Duke for mercy."

---

1 **What + a + 형용사(A) + 명사(B)!** 얼마나 A한 B인가!
What a fine judge! 얼마나 훌륭한 법관님이신가!

2 **so + 조동사 / be동사 + 주어** …도 그러하다 (앞 문장에 대한 동의)
So may the merchant and this court. 이 상인과 이 법정도 그러할 것이오.

3 **Let the devil have the money.** 그 돈을 마음대로 하시오.
Let the devil have the money, then! 그럼 그 돈을 마음대로 하시오!

The Duke was relieved that Antonio's life had been spared.

"Now you will see mercy, Shylock," he said, generously. "I pardon you before you ask for it. You live. But half of your wealth becomes Antonio's and the other half belongs to the state."

"No, take my life!" said Shylock. "If you take everything I have, I won't be able to earn a living. I may as well be dead!"

"Wait a minute," said Antonio. "I will give up my share of the Jew's wealth if he will do as I ask."

"What is it?" asked Portia.

Antonio knew that Shylock's daughter had recently married his friend, Lorenzo. Shylock had disinherited his daughter because of the marriage.

"Shylock will sign a will in his daughter's favor," said Antonio. "He will give his daughter and her husband half of his wealth when he dies."

☐ spare one's life ···의 목숨을 살리다
☐ generously 관대하게
☐ pardon 용서하다
☐ take one's life ···을 죽이다
☐ earn a living 생계를 꾸리다
☐ share 몫, 지분

☐ disinherit ···의 상속권을 박탈하다
☐ will 유언장
☐ in one's favor ···에게 유리하게
☐ be sure to + 동사원형 반드시 ···하다
☐ become + 비교급 + and + 비교급
  점점 더 ···해지다

"Do you agree, Jew? What do you say?" asked
Portia.

Shylock realized that he had no choice, so he agreed.

"Please, let me go," he begged. "I am not well. Write
the will and send it to my house. I will sign it."

"Go, now, but be sure to sign it," said the Duke.

Shylock went out to the rainy street and began
walking home. He looked sick. As he realized what he
had lost, he became sicker and sicker.

⚖ Check-up Time!

● **WORDS**

빈칸에 알맞은 단어를 보기에서 골라 써넣으세요.

victim	will	mercy	devil

1 Shylock will sign a _____ in his daughter's favor.

2 Change the law just once to stop this cruel _____.

3 The intended _____ may take one half of the offender's wealth.

4 You have a heartless enemy. Shylock is not capable of feeling pity or _____.

● **STRUCTURE**

괄호 안의 두 단어 중 알맞은 것에 동그라미 하세요.

1 It is no use (arguing / to argue) with the Jew.

2 You may as well (standing / stand) on the beach and tell the tide to stop.

3 It is good (to / of) you to wish her dead.

4 (What / How) a fine judge!

Structure | 1. arguing 2. stand 3. of 4. What
Words | 1. will 2. devil 3. victim 4. mercy

● COMPREHENSION

법정에 등장한 인물을 설명한 다음의 문장에서 알맞은 주어를 찾아 기호를 써넣으세요.

a.

Portia

b.

Shylock

c.

Nerissa

1 _____ dressed as a law clerk.

2 _____ had scales and a long sharp knife.

3 _____ wore a judge's robe and a judge's wig.

● SUMMARY

빈칸에 맞는 말을 골라 이야기를 완성하세요.

At the trial, Portia took the (   )'s place and heard the case. She tried to change Shylock's mind, but failed. Shylock was (   ) and kept asking for a pound of Antonio's flesh only. Portia finally made a decision that Shylock could take Antonio's flesh, but he could not spill any (   ). In the end, Shylock didn't gain anything and the people in the court (   ) the judge.

a. blood

b. judge

c. stubborn

d. cheered

ANSWERS

Summary | b, c, a, d
Comprehension | 1. c 2. b 3. a

The Ring
반지

After Shylock left, the Duke released Antonio. Then
he asked Portia to stay behind for a few moments.

"I am impressed with your knowledge of the law,"
he said. "I could not have asked for a better [1]
judgment. Come home and dine with me. My wife
will welcome your company."

"Thank you, Your Grace," said Portia, who wanted
to return home in time to welcome Bassanio. "I am
honored, but I must leave immediately."

"Very well," said the Duke. "Perhaps you will come
to dine with me another time."

Then he turned to Antonio, and said, "Reward this
young judge. I think you owe him a lot."

They all bowed as the Duke left the court.

□ release 풀어주다
□ stay behind 뒤에 남다
□ be impressed with …에 감명받다
□ knowledge 지식
□ company 동석, 동반

□ in time to + 동사원형 …하는
   시간에 맞게
□ I am honored. 영광입니다.
□ reward …에게 보상하다
□ bow 절하다; 배웅하다

1 **could not have asked for a + 비교급(A) + 명사(B)** 더 이상 A한 B는 바라지
   못했을 것이다
   I could not have asked for a better judgment.
   더 이상 훌륭한 판결은 바라지 못했을 것이오.

Your Honor는 판사나 법관을 높여 부르는 말이랍니다.

"Your Honor,*" said Bassanio to Portia, "my friends and I have been saved by your wisdom. We are very grateful. Please accept the three thousand ducats we wanted to give the Jew."

"We will be in debt to you forever," said Antonio.

"Thank you, but I can't take your money," said Portia.

"Then please accept a gift," said Bassanio. "Ask for anything."

Portia saw the ring that she had given him. She decided to play a joke on him.

"I'll take this ring from you," she said.

Bassanio was shocked by this request.

 Portia가 받기를 원한 것은?

    a. Bassanio's ring
    b. three thousand ducats
    c. an expensive gift

Mini-Less ☀ n

as if + 주어 + were / 과거형 동사: 마치 …인 것처럼

• You treat me as if I were a beggar.
  제가 마치 거지인 것처럼 대하시는군요.
• It seemed as if the magician visited it every night.
  마치 마법사가 매일 밤 그곳을 다녀가는 것처럼 보였다.

"I'm sorry, but I can't give you the ring," he said. "It's a gift from my wife. I vowed never to part with it. Let me buy you the most valuable ring in Venice, but please don't ask me for this one."

"You treat me as if I were a beggar," said Portia. ☀ "I'm offended."

She and Nerissa walked away. Portia seemed angry, but actually she was very happy.

□ grateful 감사하는, 고마워하는
□ in debt to …에게 빚진
□ play a joke on …을 놀리다
□ vow never to + 동사원형
　　절대 …하지 않겠다고 맹세하다
□ part with …을 빼다, …와 헤어지다
□ valuable 값나가는, 가치 있는
□ beggar 거지
□ be offended 기분이 상하다, 상처받다

"Bassanio, let the judge have the ring," said Antonio. "He has done so much for us. It may upset your wife, but we owe him everything. I'm sure she will understand when you explain it to her."

Bassanio was ashamed, so he took off his ring and sent Gratiano to give it to Portia. Gratiano ran after Portia and gave her the ring, which she politely accepted.

"Please give my thanks to your friend," she said. "He is very kind."

Nerissa wanted to see if Gratiano would give up his ring too. So she said to him, "I helped the judge at the trial. May I have your ring?"

Gratiano hesitated for a moment. But he did not want to appear less generous than his friend, so he gave it to her.

When Gratiano had gone, the two women laughed
with delight. They could not wait to tease their
husbands about their missing rings. But meanwhile,
they had business to finish.

"Let's hurry to Shylock's house and get him to sign
the will before he changes his mind," said Portia.

"Or before he leaves the
city with everything he
owns," said Nerissa.

"Then we must
get to Belmont
before our
husbands arrive
there," said
Portia with
a laugh.

□ upset …을 화나게 하다
□ be ashamed 부끄러워하다
□ take off …을 빼다
□ run after …을 뒤쫓다
□ give one's thanks to …에게 감사를 전하다

□ hesitate 망설이다
□ generous 관대한
□ with delight 기뻐서
□ tease 놀리다, 장난치다
□ missing 사라진, 없어진

Chapter 6 • 93

As she traveled home, Portia felt the happiness that comes from doing a good deed. Everything seemed clearer and brighter. The moonlight shone more brilliantly than ever. And as her house came into sight, the welcoming light gave her a warm glow.

"A good deed lights up an evil world," she said, "just as the lamplight takes the darkness from my home."

Soon Portia and Nerissa arrived home. They were relieved that Bassanio and Gratiano were not there yet.

They dressed in their own clothes and waited for their husbands. Before long, the servant came into the room.

"Mistress, your husband and his friends are coming," he said. "I can hear their carriage approaching."

"Nerissa," said Portia quickly. "Go and tell the servants not to mention our absence."

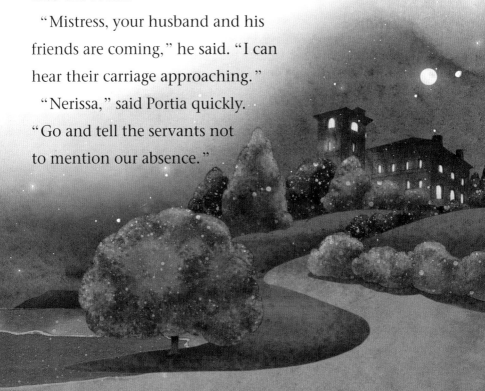

do a good deed 선행을 하다
moonlight 달빛
shine 빛나다 (shine-shone-shone)
brilliantly 찬란히
come into sight 시야에 들어오다
warm glow 훈훈한 감정
light up …에 불을 밝히다
lamplight 등불

darkness 어둠, 암흑
dress in …의 옷을 입다
before long 오래지 않아
carriage 마차
approach 다가오다, 접근하다
mention 언급하다
absence 부재, 자리 비움

When the men entered the house, Antonio was with them. Bassanio introduced Antonio to Portia and quickly explained what had happened in court.

"You are welcome to my home," said Portia to Antonio. "Please stay as long as you wish. And [1] congratulations on winning the case."

Just then, they heard Nerissa and her husband arguing in a corner of the room.

"What, a quarrel already?" said Portia. "What's the matter, Nerissa?"

"Lady, we are talking about the ring that Nerissa gave me," said Gratiano.

"You said you would keep it until the day you died," cried Nerissa. "Now you say you gave it to a judge's clerk! I know you gave it to a woman."

"I swear that I gave it to a boy," replied Gratiano. "He was about as tall as you, Nerissa. And he was the clerk of the judge who saved Antonio's life. He begged for it and I couldn't refuse."

"Well," said Portia, "you are obviously to blame for the quarrel, Gratiano. How could you give away your wife's first gift? I gave Bassanio a ring too. He vowed to keep it forever, and I'm sure he wouldn't give it away for any reason."

□ introduce A to B A를 B에게 소개하다
□ congratulations on ···에 대해 축하합니다
□ win the case 승소하다
□ quarrel 말다툼, 싸움
□ beg for ···을 청하다〔빌다〕

□ A is to blame for B A가 B에 대한 책임이 있다
□ give away ···을 내주다
□ not ... for any reason 어떤 이유로든 ···않다

1 **as long as you wish** 당신이 원하는 동안은 얼마든지
Please stay as long as you wish.
당신이 원하는 동안은 얼마든지 머물러 주세요.

Bassanio felt guilty when he heard Portia's words.

"I should have cut my left hand off and said I lost [1] the ring with it!" thought Bassanio. "But now I must confess."

He knelt beside Portia and showed her his finger. The ring was missing!

"My love," said Bassanio, "I am so sorry. The judge who saved Antonio's life asked for your ring, so I gave it to him. I would have given anything to save  Antonio. He is my best friend and he was in danger. What else could I do?"

□ feel guilty 죄책감을 느끼다
□ confess 고백하다
What else … ? 그 밖에 무엇 … ?

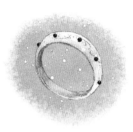

"You didn't value the ring enough, Bassanio," said Portia angrily. "And I don't believe your story. You did not give the ring to a man. I believe you actually gave it to a woman."

"No, my love," cried Bassanio, "you are wrong! I didn't give it to a woman, I swear! The judge refused three thousand ducats and asked for the ring. When I said no, he went away in anger. What could I do, Portia? If you had been there, you would have begged [2] me to give the ring to the judge."

---

1 **should have + p.p.** …했어야 했는데
I should have cut my left hand off. 내 왼손을 잘라버렸어야 했는데.

2 **If + 주어 + had + p.p., 주어 + would/could/should/might + have + p.p.**
만약 …했다면, ~했을 것이다 (과거 사실의 반대)
If you had been there, you would have begged me to give the ring to the judge. 만약 당신이 그곳에 있었다면, 당신이 나에게 그 반지를 그 법관에게 주라고 간청했을 거요.

Mini-Less⦂n

if 절을 대신하는 to 부정사구

「to + 동사원형」이 이끄는 부정사구는 가정법의 if 절을 대신하기도 해요. 이때 주절의 동사로 가정법 문장임을 눈치챌 수 있답니다.

• I would have given anything to save Antonio (= if I had saved Antonio).
안토니오를 살릴 수 있었다면 무엇이든 주었을 것이오.

• I would be glad to go with you (= if I went with you). 너와 함께 간다면 기쁠 텐데.

Antonio had been listening to the two couples quarreling. He felt bad because he had told Bassanio to give the ring to the judge. lady는 높은 신분의 여자를 조칭하는 말이에요.

"My lady*, Portia," he finally said, "I'm unhappy because of these quarrels. I saw Bassanio give his ring to the judge. And if it were not for that judge, I would be dead. I have known Bassanio all my life. He will never break your faith again."

"I believe you," said Portia. "Please give him this ring. And tell him to look after it better than the other one!"

She passed the ring to Antonio, who gave it to Bassanio.

"By heaven!" cried Bassanio. "It is the same ring I gave to the judge!"

"You'll be even more amazed when you hear my story," said Portia.

She told them how she was actually the young judge, and Nerissa her clerk. Bassanio was so surprised that he couldn't speak!

"What courage she has!" he thought in admiration. "My dear wife saved the life of my best friend. I love her more than I thought possible."

□ if it were not for 만약 …이 없다면
□ break one's faith 맹세를 깨뜨리다
□ look after …을 잘 간직하다; 돌보다

□ By heaven! 세상에!
□ amazed 놀란
□ in admiration 감탄하며

Just then, the servant brought Portia a letter. She read it quickly and gave it to Antonio.

"Read it carefully," she said. "But let me tell you what it says. All of your ships were thought to be lost. But three of them have returned to Venice and are safe in the harbor."

"Sweet lady," cried Antonio, "you have given me my life and my living!"

"And I have some other excellent news for your friend Lorenzo," continued Portia. "Here is Jessica's father's will. I brought it from Shylock when I left Venice. Half of all he owns will belong to Lorenzo and Jessica when he dies!"

"My love," said Bassanio. "We will forever be grateful [1] to you for making this happen!"

□ be thought to + 동사원형
　　…라고 여겨지다
□ safe 안전한
□ harbor 항구
□ sweet 마음씨 고운, 친절한

□ living 생계 수단
□ excellent 아주 좋은, 훌륭한
□ enthusiastically 열정적으로
□ turn out (일 등이 특정 방식으로) 되다
□ full of promise 희망으로 가득한; 유망한

1　**be grateful to + 목적어(A) + for + ...ing(B)** B해 주어서 A에게 감사하다
　　We will forever be grateful to you for making this happen!
　　이런 일이 일어나게 해 주어서 당신에게 영원히 감사할 것이오!

The young people began talking enthusiastically about everything that had happened. Everyone was happy about the way things had turned out. And the future was now bright and full of promise for them all!

⊙ Check-up Time!

● WORDS

퍼즐의 빈칸에 들어갈 알맞은 철자를 써서 단어를 완성하세요.

Across

1. 관대한
2. 놀란

Down

3. 마음씨 고운
4. 값나가는

● STRUCTURE

주어진 단어를 어순과 문형에 알맞게 쓰세요.

1 Please stay _____ _____ _____ you wish.
(as, as, long)

2 You treat me _____ _____ _____ _____ a
beggar. (were, if, I, as)

3 I _____ _____ _____ my left hand off and said
I lost the ring with it! (cut, should, have)

ANSWERS

Structure | 1. as long as 2. as if I were 3. should have cut

Words | 1. generous 2. amazed 3. sweet 4. valuable

본문의 내용과 일치하면 T, 일치하지 않으면 F에 표시하세요.

1 Portia had dinner with the Duke after the trial. ☐ T ☐ F

2 Portia accepted the three thousand ducats. ☐ T ☐ F

3 Gratiano gave his ring to the law clerk. ☐ T ☐ F

4 Half of Shylock's wealth would belong to Antonio when Shylock died. ☐ T ☐ F

● SUMMARY

빈칸에 맞는 말을 골라 이야기를 완성하세요.

> After the trial, Bassanio wanted to (　　) the young judge. The judge asked for his golden ring. Bassanio (　　) for a moment, but finally he gave it to the judge. When Bassanio returned home, he told Portia about the ring. She gave the ring back to him and explained what had happened. Then a (　　) came and it said that three of Antonio's ships were (　　), so everyone was very happy.

a. message　　　　　b. safe

c. reward　　　　　　d. hesitated

ANSWERS

Summary | c, d, a, b
Comprehension | 1. F 2. F 3. T 4. F

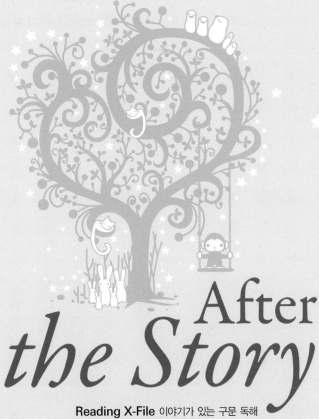

After
the Story

Reading X-File 이야기가 있는 구문 독해
Listening X-File 공개 리스닝 비밀 파일
Story in Korean 우리 글로 다시 읽기

I wish I could help you, but I've spent all of my money on merchandise.

도울 수 있다면 좋을 텐데 전 재산을 무역품 사는 데 다 써버렸네.

★ ★ ★

사랑하는 여인과 결혼하기 위해 안토니오에게 돈을 빌려달라고 청하는 바사니오. 그러나 안토니오는 가지고 있는 전 재산을 무역품을 사기 위해 다 써버렸다고 위와 같이 말하는데요, 이때 안토니오는 안타깝고 미안한 마음을 '…라면 좋을 텐데'라는 뜻의 I wish + 주어 + 과거형 동사를 통해 나타내고 있어요. 이때 과거형 동사는 현재 사실과 반대되는 상황을 바랄 때 쓰는 가정법 시제랍니다. 그럼 바사니오와 포샤의 대화로 이 표현을 다시 한 번 살펴봐요.

Bassanio

I wish I were rich.
I can't marry you while I'm penniless.

내가 부자라면 좋을 텐데.
무일푼인 상태에서 당신과 결혼할 수는 없지 않소.

Portia

Bassanio, I don't need a wealthy husband.
I have enough for both of us.

바사니오 님, 전 부자 남편은 필요 없답니다.
제게는 우리 둘에게 충분한 재산이 있어요.

The goods they carry are worth many times the value of this small loan.

배가 싣고 오는 물건들은 이 적은 빚의 몇 배 가치라네.

★ ★ ★

안토니오는 샤일록에게 돈을 빌리면서 지불 기한을 넘길 경우 자신의 살 1파운드를 위약금으로 낸다는 위험한 계약을 하게 됩니다. 이 계약을 말리는 바사니오에게 안토니오는 자신의 배들이 곧 도착할 것이며, 배가 싣고 오는 물건들은 그 빚의 몇 배나 된다고 자신 있게 말합니다. 이를 설명하는 위 문장은 'B의 A배'를 나타내기 위해 숫자 / 수량(A) + times + 명사(B)라는 표현을 사용하고 있는데요, 그럼 이 표현을 샤일록과 안토니오의 대화에서 살펴볼까요?

Shylock

I am sure you will repay me.
You have ten times my wealth.

안토니오 님이 돈을 갚으실 거라고 확신합니다.
제 재산의 열 배를 가지고 계시니까요.

Antonio

Of course I will pay you back.
My ships will arrive soon in port.

물론 나는 돈을 갚을 것이오.
내 배들이 곧 항구에 도착한다오.

Only then would I be worthy of you.

그때야 제가 당신에게 걸맞은 여인일 것 같아요.

★   ★   ★

재산이 없다고 고백하는 바사니오에게 포샤는 그의 인품을 존경하며 돈은 필요 없다고 말합니다. 또한 그녀는 자신이 만 배나 더 아름답고 부자였으면 좋겠다고 하며 그때야 자신이 그에게 걸맞을 것 같다고 겸손한 모습을 보이지요. 이때 '그때야(only then)'를 강조하기 위해 문두에 두다 보니 그 뒤의 어순이 바뀌어 조동사/do동사 + 주어 + 동사원형의 형태가 되었답니다. 그럼 only + 부사(구)가 문두에 와서 어순이 바뀌는 예를 안토니오와 바사니오의 대화로 다시 살펴봐요.

I have been waiting for you eagerly.
Why have you come so late?

간절하게 자네를 기다렸다네.
왜 이리 늦게 왔는가?

Antonio

Only after the wedding did I know what had happened to you.

결혼식 후에야 자네에게 무슨 일이 일어났는지 알 수 있었다네.

Bassanio

I would prefer she were married to anyone else.

차라리 딸애가 아무하고나 결혼하는 편이 나을 것 같습니다.

★ ★ ★

기독교인 남자와 결혼하기 위해 달아난 외동딸 제시카와 의절해버린 샤일록은 그 누구라도, 심지어 도둑의 조상 바라바라도 기독교인보다는 낫겠다며 위와 같이 분노를 토하지요. 이 표현을 나타내는 would prefer + 가정법 과거 시제 절은 현재 사실의 반대 상황을 가정하여 '차라리 … 하는 편이 나을 것 같다' 라는 뜻을 만든답니다. 이때 가정법 시제에 쓰이는 be동사는 were가 된다는 점에도 주의해야 해요. 그럼 이 표현을 바사니오와 그라시아노의 대화로 다시 확인해 볼까요?

Bassanio

I am so sorry for Antonio.
I would prefer that I were in jail.

정말 안토니오가 가엾네.
차라리 내가 감옥에 있는 편이 나을 것 같아.

Gratiano

Don't worry too much, Bassanio.
We can find a way to save him.

너무 걱정 말게, 바사니오.
그를 구할 방법을 찾을 수 있을 거야.

01 조용히 하라는 [쉬]

s 뒤에 h가 오면 [쉬] 발음이 만들어져요.

---

s와 h가 합쳐진 sh의 발음은 두 자음의 특징이 동시에 들어간 [ㅅ ㅎ]가 아닌, 전혀 새로운 [쉬]가 된답니다. 한번 발음해 볼까요? 입을 앞으로 조금 빼서 입맞추는 모양을 만들고 힘을 좀 주면서 휘파람을 불듯이 바람을 내보내면 돼요. 시끄러운 소리를 내는 사람에게 조용히 하라며 [쉬] 하는 것과 비슷한 소리지요. 그럼 s와 h가 만드는 소리 [쉬]를 본문 22쪽에서 살펴볼까요?

"But right now he doesn't have much (①).
I know that he has spent all his money to buy trading goods for his (②)."

① **cash** sh가 [쉬]로 소리나 [캐시]가 아니라 [캐쉬]로 발음한 것을 알 수 있어요.

② **ships** 마찬가지로 [쉽ㅅ]로 발음했어요.

02 던킹 도넛? 아니, 던킨 도넛!

-ing는 g를 떼고 [인]으로 발음하세요.

거리에서 자주 보게 되는 Dunkin' Donuts. 이때 Dunkin'은 '빵을 커피나 차에 적시다'는 뜻의 동사 dunk에 -ing가 붙은 dunking의 축약형으로, '도너츠를 커피에 적셔먹다'라는 뜻이지요. 이런 -ing를 발음할 때 미국인들은 편의상 g가 없다고 생각하고 그냥 [인]으로 발음하는 경우가 많아요. 그래서 talking을 [토킹]보다는 [토킨], coming을 [커밍]보다는 [커민]으로 발음하는 것이죠. 그럼 이런 예를 본문 74쪽에서 확인해 봐요.

The Duke gave up (①) to change Shylock's mind. He had (②) more to say, so he turned to Portia.

① **trying** -ing가 [인]으로 소리나 [츄라인]으로 발음됐어요.
② **nothing** g는 없다고 생각하고 [나씬]이라고 발음하세요.

03 비슷한 자음이 겹칠 때는?

비슷한 자음이 반복되면 한 번만 발음하세요.

같은 발음이 겹칠 때는 한 번만 소리를 내는데요, 비슷한 발음이 나란히 올 때는 어떻게 해야 할까요? 고민할 필요 없이 이때도 한 번만 발음하면 된답니다. 그러니까 비슷하게 발음되는 th와 d를 가진 withdraw는 [위뜨드로]가 아닌 [위드로]로 발음해야 한다는 거죠. 이런 현상은 한 단어 안에서만 일어나는 것이 아니라 단어와 단어가 연결될 때, 즉 앞 단어의 끝소리와 뒷단어의 첫소리가 비슷한 자음으로 연결될 때도 일어난답니다. 이런 경우들을 본문 77쪽과 81쪽에서 함께 찾아볼까요?

"You know the law, and your comments have been very (　　　)."

helpful p와 f가 비슷한 발음이므로 [헬ㅍ플]이 아니라 [헬플]로 한 번만 발음했어요.

The contract didn't say that Shylock (　　) any blood.

could take d와 t가 연달아 나오므로 [쿠 테이크]로 발음했어요.

04 문장 안에서 작아지는 h

문장 안의 h는 들리지 않는 경우가 많아요.

Kill her. [킬러], Tell him. [테림], Come here. [커미어] 어? h[ㅎ]는 어디로 갔을까요? 문장 안의 [ㅎ]는 약화되어 거의 들리지 않는답니다. 그러다 보니 자칫하면 "그녀를 죽여라.(Kill her.)"는 [킬 허]가 아니라 [킬러], 즉 '살인자'라고 들릴 수도 있어요. 특히 he, him, his, her, have, here 등 일반적으로 강세가 들어가지 않는 인칭대명사나 조동사, 부사의 h는 거의 발음되지 않으니 발음에 주의해야 한답니다. 그럼 이런 예들을 본문 88쪽과 100쪽에서 살펴볼까요?

"(   ) and dine with me. My wife will welcome your company."

Come home h가 약화되어 [컴홈]이 아니라 [커몸]에 가깝게 발음됐어요.

"I believe you," said Portia. "Please (   ) this ring."

give him h가 약화되어 [기빔]으로 발음된 것을 알 수 있지요?

Listening X-File ● 115

우리 글로 다시 읽기
베니스의 상인

1장 | 고리대금업자

p.14~15 오래 전 베니스에 샤일록이라는 유대인 고리
대금업자가 살고 있었다. 그는 기독교인 상인들에게
돈을 빌려 주고 이자를 받아 막대한 재산을 모았다.
그가 부과하는 이자는 상황에 따라 달라졌다. 사일
록이 1백 더커트를 빌려주었다면 종종 상인들은 그
에게 1백 3십 더커트를 되갚기도 했다. 때때로 그 이
상이기도 했다.

    또 상인들이 돈을 제때 갚지 못하면 샤일록은 그들의 재
산이나 다른 물건들을 빼앗기도 했다. 그 물건들은 대개 빌려줬던 돈보다 더 가치가
높았다. 샤일록은 돈거래에는 냉혹하기 짝이 없어서 베니스 사람들로부터 매우 원성
이 자자했다.

p.16~17 안토니오라는 젊은 상인도 또한 사람들에게 돈을 빌려 주었는데, 절대로
이자를 부과하지 않았다. 그는 매우 친절했다. 그는 기꺼이 남을 도와주었기 때문에
모두 그를 좋아했다. 안토니오는 샤일록이 타인의 불행을 이용하여 자신의 돈을 벌려
한다고 그를 미워했다.

    샤일록도 마찬가지로 안토니오를 미워했다. 많은 사람들이 안토니오로부터 돈을 빌
리는 것을 더 선호했기 때문에 자신이 돈을 벌 기회를 놓치기 때문이었다. 또한 안토
니오는 샤일록을 공개적으로 모욕하면서 그가 악랄하게 돈벌이를 한다며 비난했다.
그래서 샤일록은 속으로 복수할 기회를 노리고 있었다.

    보다 중요한 것은 안토니오가 기독교인이었기 때문에 샤일록이 그를 미워했다는 것
이다. 그리고 안토니오도 샤일록이 유대인이라서 그를 미워했다. 그들은 그 당시의 다
른 사람들과 다를 바가 없었다. 그 당시 모든 유대인들이 기독교인을 싫어했고, 또한
기독교인들은 유대인들을 미워했다. 그들은 서로의 종교나 문화를 이해하지 않았고,
서로를 이해하려 하기보다는 미워하기만 했다.

p.18~19 안토니오는 가장 친한 친구인 바사니오는 얼마 되지 않은 재산을 상속 받은 귀족이었다. 그는 그 당시 많은 상류층 젊은이들과 다르지 않았다. 필요하지도 않은 일에 많은 돈을 낭비했다. 안토니오는 가끔 이에 대해 그를 부드럽게 나무라곤 했다.

"여보게, 파티 같은 불필요한 일에 돈을 낭비하지 말고 돈을 좀 모으지 그러나?"

"하지만 좋은 시간을 보내는 데 돈을 쓰는 것이 무슨 잘못이란 말인가? 나는 친구들을 위해 돈을 쓰는 것이 좋네. 또한 여행도 좋아하고." 바사니오가 말했다.

결국 바사니오는 거의 무일푼이 되어 버렸다. 그래서 그는 가끔 안토니오에게 돈을 빌리게 되었는데, 안토니오는 한 번도 그를 도와주는 것을 거절한 적이 없었다. 마치 두 사람 사이에는 마음뿐만 아니라 지갑도 하나인 듯 보였다.

어느 날, 안토니오는 길에서 바사니오를 만났다.

"안토니오, 어떻게 지냈는가? 나는 자네를 만나러 가던 길이었네." 바사니오가 말했다.

"오, 바사니오, 자네를 보게 되어 반갑군. 왜 나를 찾아오려 했는가?" 안토니오가 말했다.

"자네에게 말하고 싶은 것이 있네. 난 사랑에 빠졌다네."

p.20~21 "정말 잘 됐군! 그 아가씨가 누구인가?" 안토니오가 말했다.

"그녀의 이름은 포샤이고 벨몬트에 살고 있다네. 그녀의 부친이 최근에 세상을 뜨면서 딸에게 막대한 재산을 남겼다네. 포샤는 아름답고 영리해서 많은 부유한 구혼자들이 줄을 선다네." 바사니오가 말했다.

"자네가 사랑하는 만큼 그녀도 자네를 사랑하는가?"

"그렇다고 생각하네." 바사니오가 말했다. "포샤가 나를 바라볼 때면 그녀의 눈에 사랑의 빛이 충만하다네. 그녀와 결혼하고 싶은데 문제가 하나 있네. 자네도 알다시피 나는 돈을 다 써버리지 않았나. 무일푼 상태로 청혼할 수는 없네. 포샤가 나의 청혼을 받아준다 해도 예식을 치르고 예물을 살 만한 돈이 필요하다네. 그래서 말인데, 자네에게 이미 돈을 많이 빌리긴 했네만 3천 더커트만 더 도와줄 수 없겠나? 꼭 갚겠다고 약속하겠네."

"친구여, 나도 도와주고 싶네만 모든 돈을 상선에 실어 올 물건들을 사는데 다 써버렸다네. 배들은 지금 해외 교역 중이고

곧 귀향할 걸세. 그때까진 나도 가진 게 없네. 다른 대금업자들에게 도움을 청해보면 어떻겠나? 기꺼이 그 돈에 대한 보증을 서 주겠네. 내 배들을 담보로 잡으면 될 거야." 안토니오가 말했다.

"고맙네, 안토니오. 자네는 정말 좋은 친구야!"

그들은 저녁 식사를 함께 하기로 약속한 후 각자의 길을 갔다.

p.22~23 바사니오는 대금업자들을 찾아 다녔지만 아무도 자신에게 빌려줄 3천 더커트를 가지고 있지 않았다. 마지막으로 찾아간 사람이 샤일록이었다. 그 늙은 유대인은 바사니오를 공손하게 맞아서 주의 깊게 그의 요구를 들었다.

"사일록, 청이 하나 있소. 난 3천 더커트가 필요하오. 석 달 안에 갚겠소." 바사니오가 말했다.

"3천 더커트를 석 달간 말씀이십니까? 어떻게 님이 돈을 갚으실 거라고 믿을 수 있을까요? 돈이 없는 걸로 알고 있는데요." 샤일록이 말했다.

"걱정 마시오, 샤일록." 바사니오가 미소를 지으며 말했다. "내 친구 안토니오가 보증을 설 거요. 만약 내가 기한 안에 돈을 못 갚으면, 그가 갚을 거요."

"안토니오 님이라고요?" 샤일록은 자신의 턱을 쓰다듬으며 한동안 생각에 빠졌다. "안토니오 님은 좋은 분이지요. 많은 재산이 있으시지만, 현재로는 돈이 별로 없어요. 그분은 모든 돈을 배에 실을 물건들을 사는데 써 버렸다는 것을 나는 알고 있죠. 하지만 배란 것은 나무판자에 불과하고 선원들은 인간에 지나지 않아요. 무서운 해적들에게 공격 당할 수도 있고, 폭풍을 만나 침몰될 위험도 있어요. 모든 것을 쉽사리 잃어버릴 수 있습지요."

p.24~25 "그래서 나에게 돈을 빌려 줄 거요 말 거요, 샤일록?" 바사니오가 말했다.

"안토니오 님의 사업에는 위험성이 많이 있긴 하지만," 샤일록이 말했다. "어쨌거나 그분은 부자이니 그분의 보증으로 돈을 빌려드리지요. 하지만, 계약서를 쓰기 전에 그분과 직접 이야기를 나누는 편이 나을 것 같군요. 안토니오 님과 이야기해 볼 수 있을까요?"

"물론이요. 난 그와 저녁 식사를 하기로 했으니 그 문제를 상의하는 동안 함께 식사 하면 어떻겠소?"

"아니오." 샤일록이 말했다. "당신네 기독교인들은 돼지고기 먹는 것이 허용되지만 난 그렇지 않아요. 당신들과 사고, 팔고, 이야기하고, 함께 걸을 수는 있소. 조건이 좋다 면 돈을 빌려줄 수도 있죠. 하지만 당신들과 함께 먹거나, 마시거나, 기도하지는 않겠소."

"매우 잘 알았소. 안토니오를 데려오겠소. 오래 걸리지 않을 거요."

바사니오는 이렇게 말하고 그의 친구를 데리러 갔다.

2장 | 계약

p.28~29   바사니오가 떠나고 나자 샤일록은 깊은 생각에 잠긴 채 홀로 남아 있었다.

'이건 내 원한을 갚을 기회야. 안토니오는 유대인 을 혐오하고 다른 상인들 앞에서 나를 욕했어. 그리 고 내가 대부금에 이자를 물린다고 나를 강도라고 했겠다. 그 놈을 용서한다면 내 민족이 저주를 받을 일이야!' 샤일록은 속으로 생각했다.

곧 바사니오가 안토니오를 데리고 돌아왔다. 샤일록은 친절하게 보이려고 최선을 다했지만 안토니오를 보자 화가 났다.

"안토니오 님," 샤일록이 천천히 말하기 시작했다. "님은 여러 차례 내가 대부금에 이자를 물린다고 비난하셨지요. 날 이교도라고 부르고 내 유대교 옷에 침을 뱉으셨습 니다그려. 심지어 날더러 개라고 욕도 하셨지요. 그런데 이제 내게 돈을 빌려달라고 청하시는군요. 개가 무슨 돈이 있습니까? 개에게 무슨 돈이 있어 3천 더커트를 빌려 드리겠습니까? 내게 그렇게 모질게 대했는데 왜 돈을 빌려드려야 할까요?"

p.30~31   안토니오는 샤일록의 말을 듣자 화가 났다.

"아마 난 다시 당신을 개라고 부를 거요." 그가 대꾸했다. "나는 다시 침을 뱉으며 당신을 조롱할 거요. 친구로서가 아니라 원수로서 돈을 빌려 주시오. 그러면 내가 돈을 갖지 못할 경우 당신은 당당히 위약금을 챙길 수 있지 않겠소."

"매우 화가 나셨군요!" 샤일록이 놀란 척하며 말했다. "난 안토니오 님과 친구가 되고 싶을 따름입니다. 님에게 받은 멸시를 다 잊고 이자 없이 돈을 빌려드리지요. 난 도움을 드리고 싶을 뿐입니다."

안토니오는 자신의 귀를 믿을 수 없었다!

"그렇습니다." 샤일록은 여전히 친절한 척하며 말했다. "나는 안토니오 님의 호의를 받고 싶어서 돈을 무이자로 빌려드리는 겁니다. 어서 공증인에게 가서 계약서에 서명을 하십시다그려. 안토니오 님이 돈을 갚으실 것을 알고는 있지만 만약 못 갚으시면 어떡하지요?"

"걱정 마시오, 샤일록. 내가 갚을 테니까." 안토니오가 말했다.

"글쎄요. 내 생각엔 담보 같은 게 필요할 것 같군요. 3천 더커트는 큰 돈입니다, 그렇지 않습니까? 음… 장난으로 위약금을 만듭시다그려. 그냥 재미로 안토니오 님의 살 1파운드면 어떻겠습니까? 원하는 어느 부위에서든 잘라낼 수 있는 조건으로요."

p.32~33 안토니오는 샤일록의 이 제안에 적잖이 놀랐다.

"말도 안 되오! 난 지불기한에 늦으면 이자를 내겠소." 그가 말했다.

"내가 동료 대금업자에게 이자를 받을 거라고 생각하십니까? 아니 왜 이리 의심이 많으시오? 이 계약은 단지 장난이라고요! 님의 살 1파운드가 무슨 가치가 있겠습니까? 내가 얻는 게 뭡니까? 차라리 양고기나 소고기 1파운드가 더 값이 나가지요. 난 우정을 돈독하게 하기 위해 이 계약을 제안하는 겁니다. 싫으면 그만두시오." 샤일록이 말했다.

안토니오는 샤일록이 기꺼이 자신을 도와주려 하는 것이 믿어지지 않았다. 하지만 유대인의 말은 매우 설득력이 있어서 안토니오의 마음도 점차 바뀌기 시작했다.

"믿어지지 않는군!" 그가 바사니오에게 속삭였다. "이런 일이 가능한가? 이 유대인은 정말 친절해 보이는군. 샤일록에게 선한 면들이 이토록 많다니 놀라울 뿐이네."

"안토니오, 나 때문에 이런 계약을 해서는 안 되네." 바사니오가 말했다.

"걱정 말게, 친구. 내 배들은 곧 도착할 게야. 그리고 배에 실린 물건들은 이 얼마 안 되는 빚의 몇 배 가치가 있다네."

"그러지 말라니까, 안토니오! 위약금이 너무 잔혹하네. 만약 자네가 그것을 치러야 한다면 난 내 자신을 영영 용서하지 못할 걸세."

하지만 안토니오는 자신의 배들이 지급만기일이 되기 전에 도착할 거라고 자신하고 있었다. 그래서 단지 장난이라는 생각으로 계약서에 서명할 것을 동의했다.

`p.34~35` 바사니오는 안토니오가 샤일록에게 빌린 돈을 받으니 안심이 되었다.

"나를 위해 샤일록에게 돈을 빌리게 해서 미안하네. 자네가 얼마나 그 유대인과 거래하기 싫어하는지 잘 아는데. 하지만 정말 고맙네. 자네는 내 지인들 중 최고의 사람이라네." 바사니오가 말했다.

"염려하지 말게. 내 배들은 곧 돌아올 것이고 샤일록에게 빌린 돈 모두를 갚을 수 있을 게야. 이제 돈에 대해서는 잊고 포샤만을 생각하게나." 안토니오가 말했다.

"포샤가 청혼을 승낙하면 좋으련만. 그녀의 대답을 듣는 대로 자네에게 전갈을 보내겠네."

"그녀를 만나보고 싶어 견딜 수 없군. 그녀는 친절하고 지혜로운 여인 같아. 자네를 거절하지 않을 거라고 확신하네. 참, 그라시아노에게 자네과 같이 벨몬트에 가자고 청해 보면 어떻겠나? 자네도 여행 길에 동무가 필요할 거야."

"그거 참 좋은 생각이군." 바사니오가 말했다.

두 친구는 악수를 하고 그 다음 날, 바사니오와 그라시아노는 벨몬트로 가는 배에 승선했다. 바사니오의 호주머니에는 안토니오가 샤일록으로부터 빌린 돈 3천 더커트가 들어 있었다.

`p.36~37` 바사니오는 얼른 포샤를 만나 청혼하고 싶어 견딜 수가 없었다.

"포샤가 나를 보면 놀랄 거야. 그녀에게 내가 가는 것을 알리지 않았거든." 바사니오가 그라시아노에게 말했다.

"포샤가 자네의 청혼을 받아들일 것 같나?" 그라시아노가 물었다.

"그랬으면 좋겠네. 그녀가 나에게 호의를 가지고 있다고 자신하네. 만약 포샤가 날 거절한다면 내 인생은 끝장이야."

"여보게, 왜 그녀가 자네를 거절하겠는가? 포샤는 아름다울 뿐 아니라 현명하고 착한 마음씨를 지녔네. 그녀는 사랑을 위해 결혼할 거네. 난 그러리라고 확신하네."

"자네 말이 맞기를 기도하겠네, 그라시아노." 바사니오가 말했다.

3장 | 청혼

`p.40~41` 포샤는 아름답고 젊은 아가씨였다. 많은 남성들이 그녀와 결혼하기를 원했지만, 그녀는 결혼 상대를 자기 마음대로 고를 수가 없었다. 그녀의 부친은 세상을 뜨기 전에 그 점에 대해 명확히 해 놓았다. 부친은 금, 은, 납으로 만들어진 세 개의 상자를 남겼는데, 그 중 한 상자에 포샤의 작은 초상이 들어있었다.

그녀와 결혼하기를 원하는 구혼자는 누구든지 그녀의 초상이 들어있는 상자를 골라내야 했다. 올바른 선택을 하는 구혼자는 포샤와 결혼하게 되지만, 잘못된 상자를 고른 구혼자는 평생 독신으로 살아야 했다. 그것은 큰 모험이었지만, 이런 조건에도 불구하고 포샤와 결혼하기 원하는 구혼자들은 많았다.

`p.42~43` 모로코 왕자가 첫 번째 구혼자였다. 그는 세 개의 상자를 바라보았다. 납으로 만든 상자는 볼품없이 보여 왕자는 그 상자를 외면했다. 하지만 금이나 은으로 만든 상자는 둘 다 아름다워서 그 중 하나를 고르기는 쉽지 않았다. 마침내, 왕자는 금으로 만든 상자를 골랐다.

"상자를 열어 보세요, 왕자님. 제 초상이 안에 들어 있으면 전 왕자님의 아내예요." 포샤가 말했다.

왕자는 그 상자를 떨리는 손으로 열었다. 하지만 포샤의 초상은 그 안에 있지 않았다! 대신에 금으로 만든 두 개골이 있었다. 왕자는 너무 실망하여 잠시 동안 말도 할 수 없었다. 쪽지 한

장이 두개골의 눈에 말아 끼워져 있어서 왕자는 그것을 뽑아 펼쳐 읽었다:

반짝인다고 모두 금은 아니다;
그대도 이 말을 자주 들어보았을 텐데!

왕자는 쪽지를 떨어뜨리고 지체 없이 가버렸다. 포샤는 그가 가는 것이 기쁘기 그지
없었다.

"고마워라!" 포샤가 시녀인 네리사에게 말했다. "난 그를 전혀 좋아하지 않았어.
그와 결혼하기를 바라지 않았을 거야."

다른 구혼자들이 찾아왔다. 어떤 이들은 늙었고, 모두들 부자였으나 누구 하나 제대
로 상자를 골라내지 못했다.

p.44~45 그때 포샤의 하인이 또 다른 구혼자의 전갈을 가지
고 왔다.

"아가씨, 젊은 남성분께서 베니스에서 오셨습니다.
젊고 외모가 출중하시지만 왕자님은 아니십니다."

"오늘은 더 이상 구혼자들을 만나고 싶지 않아.
얼마나 젊든 잘생겼든 상관없어." 포샤가 말했다.

"하지만 만약 바사니오 님이시라면요? 그분은
베니스 분이 아니시던가요?" 네리사가 말했다.

이 말을 들은 포샤의 눈이 반짝였다.

"맞아, 바사니오 님은 베니스 분이지. 그분이었으면 좋겠어! 너도 내가 오랫동안
바사니오 님을 연모해 왔다는 것을 알잖아. 바사니오 님은 외모도 훌륭하고 젊잖은 데
다 친절하고 현명해. 나와 결혼하기를 원하는 다른 남자들보다 훨씬 나아!"

"그렇다면 바사니오 님이신지 확인하는 것이 어떨까요?" 네리사가 말했다.

"그 신사분을 안으로 안내해 줘." 포샤가 하인에게 말했다.

p.46~47 젊은 남자가 방안으로 들어왔다. 바사니오였다!

포샤는 기뻐서 행복한 미소를 지으며 말했다. "바사니오 님, 네리사가 바사니오 님
일지도 모른다고 생각했답니다. 뵙게 되어 기뻐요. 무슨 일로 오셨는지요?"

"나도 다시 만나서 반갑소, 포샤. 당신에게 청혼하러 왔소." 바사니오가 말했다.

"진심으로 허락하고 싶지만 전 그럴 수 없어요. 먼저 이 상자들 중 하나에 있는 제 초상을 찾아내셔야만 한답니다." 포샤가 서글프게 말했다.

"내 행복은 그것에 달렸군요."

"제 행복도요. 제 마음이 이 상자들 중 하나에 잠가져 있답니다. 절 진심으로 사랑하신다면 바사니오 님이 그 상자를 찾아내실 거예요!" 포샤가 다정하게 말했다.

바사니오는 세 개의 상자로 천천히 걸음을 옮겼다. 포샤는 걱정이 되었다. 만약 잘못된 상자를 고른다면 어떻게 될 것인가?

"사람들은 종종 외양에 속는다오." 바사니오가 말했다. "눈부시게 아름다운 물건이 종종 초라한 것 속에 숨겨져 있다가 발견되곤 하지요. 그런고로 난 금으로 만든 상자를 고르지 않겠소. 금은 부자들에게나 어울리지. 그리고 은은 창백하고 흔하디 흔한 금속이오. 난 순수하고 평범한 납을 고르겠소. 내 결정이 나에게 영원한 행복을 가져다 주기를!"

p.48~49 바사니오는 상자를 열었다. 그 안에는 작고 아름다운 포샤의 초상이 들어있었다! 바사니오는 너무 기쁜 나머지 한동안 말도 할 수 없었다. 이제 포샤와 결혼할 수 있게 된 것이다! 하지만 그에게는 여전히 근심스러운 점이 하나 있었다.

"내 사랑, 난 지금 매우 행복하오! 하지만, 고백할 게 하나 있소. 비록 내 가문은 귀족 혈통이지만, 나는 빈털터리라오. 난 당신에게 어울리지 않소." 바사니오가 말했다.

"바사니오 님, 전 오랫동안 바사니오 님을 사모해 왔어요. 당신은 선하고 친절하며 정직한 분이시고, 전 부자 남편은 원하지 않는답니다. 제게는 우리 두 사람을 위한 충분한 재산이 있으니까요." 포샤가 대답했다.

바사니오는 포샤를 품에 안으며 말했다. "당신을 영원히 사랑하겠소."

"바사니오 님, 제가 만 배나 더 아름답고 만 배나 더 많은 돈을 가지고 있으면 좋을 텐데요. 그때 야 저는 당신에게 걸맞은 아내일 것 같아요."

바사니오는 포샤가 자신을 이처럼 깊이 사랑해 주는 데 대해 매우 감격하고 또 감사했다.

"제가 가진 모든 것은 당신 것이에요." 포샤가 말을 이었다. "어제까지는 제가 이 저택의 주인이었지요. 하인들을 다스렸지만 제 주인은 없었어요. 이제 이 저택과 하인들 모두 당신 것이에요, 바사니오 님. 이 반지를 받아 주세요. 제가 가진 모든 것을 이 반지와 함께 드리겠어요. 전 당신이 요구하는 것은 뭐든지 하겠어요. 바사니오 님이 이 곳의 주인이시고 전 영원히 당신의 것이에요."

포샤는 금으로 만든 반지를 바사니오에게 주었다. 바사니오는 반지를 받아 들고 영원히 끼고 있겠다고 맹세했다.

p.50~51   그 후 며칠 동안에 그라시아노와 네리사 사이에서도 사랑이 싹텄다. 그라시아노는 자신과 네리사가 바사니오와 포샤와 동시에 결혼식을 올려도 되는지 물었다. 바사니오와 포샤는 이 소식에 깜짝 놀랐으나, 둘은 흔쾌히 그라시아노의 청을 받아들였다.

"두 사람이 결혼하기를 원하는지 정말 몰랐어. 우리와 같은 날에 결혼식을 올려도 되고말고. 더 이상 멋진 일은 없을 것 같아!" 포샤가 외쳤다.

그날 저녁, 두 쌍은 결혼식을 올렸다. 바사니오와 그라시아노는 금반지를 끼고 절대 빼지 않겠다고 약속했다. 그들은 세상에서 가장 행복한 남자들이었다.

4장 | 빚

p.56~57   며칠 후 안토니오에게서 전갈이 왔다. 바사니오는 그 전갈을 읽고 안색이 매우 창백해졌다.

"그게 무엇이죠, 바사니오 님? 무슨 일이 있으신가요?" 포샤가 놀라서 물었다.

"내 사랑, 당신에게 내가 빈털터리라고 했었지만 실은 그보다 더한 상태라오. 나는 많은 빚을 졌소. 내 친구 안토니오가 샤일록이라는 유대인 고리대금업자에게 돈을 빌려 주었다오. 지불 연체에 대한 위약금이 안토니오의 살 1파운드라오. 안토니오도 나도 빚을 기한 내에 갚지 못하게 될 줄은 꿈에도 몰랐소. 하지만 여기 안토니오가 보낸 편지를 읽어 보시오."

친애하는 바사니오,

내 배들이 모두 난파되었고 샤일록에게 빌린 돈의 지불 기한은 지나 버렸네.

차용증서에 적힌 대로 그에게 위약금을 물어야 하게 됐다네. 부디 와 주게.

죽기 전에 마지막으로 자네를 보고 싶네.

포샤는 충격을 받았다. 어떤 사람이 다른 사람의 살 1파운드를 잘라내길 원한단 말인가?

"오, 사랑하는 바사니오 님," 포샤가 놀라서 말했다. "빌린 돈의 스무 배라도 갚을 수 있는 충분한 돈을 드릴 게요. 지체 없이 떠나서서 사랑하는 친구분을 구하세요. 제 돈은 바사니오 님의 것이니 원하시는 대로 쓰세요."

바사니오와 그라시아노는 부랴부랴 베니스로 떠났다.

p.58~59 베니스에서 바사니오와 그라시아노는 감옥에 갇혀 있는 안토니오를 만났다. 그는 안색이 매우 창백했고 수척해 보였다.

"나의 친구여, 내가 곧 샤일록에게 가서 돈을 갚겠네. 그자가 돈을 받고 자네를 풀어 줄 거라고 장담하네. 그자는 예전에 돈을 거절한 적이 한번도 없었어." 바사니오가 말했다.

"친애하는 바사니오," 안토니오가 힘없는 목소리로 말했다. "자네는 정말 인정이 많지만 너무 늦은 것 같네. 이번에는 돈은 도움이 되지 않아. 샤일록은 나에게 살 1파운드를 떼어가길 원해. 모든 사람이, 심지어 공작님까지 나서서 그에게 그 짓을 그만두라고 설득하셨지. 하지만 모두 실패했다네."

"도대체 왜 그자는 이런 짓을 하기를 원한단 말인가?"

"그자는 나를 너무 미워해서 죽이고 싶은 거라네. 그게 다야."

"너무 걱정 말게. 내가 샤일록과 이야기해 보지. 그자의 마음을 바꾸도록 할 수 있는 것은 다해 보려네. 곧 돌아오겠네." 바사니오가 말했다.

p.60~61   바사니오와 그라시아노는 샤일록과 이야기
해 보기 위해 출발했다. 하지만 상황은 악화되어서
샤일록은 전보다 더 분노에 차 있었다. 그의 딸 제
시카가 최근에 기독교인 남자와 결혼하기 위해 도
망쳤던 것이다. 그의 이름은 로렌조였고 그는 안
토니오의 친구였다. 샤일록은 로렌조가 누구인지
몰랐지만 그것은 중요하지 않았다. 오직 중요한 것
은 로렌조가 기독교인이며 안토니오의 친구라는 것이
었다.

비록 제시카가 샤일록의 무남독녀이고 자신도 그녀를 애지중지했지만, 샤일록은 화
가 나 펄펄 뛰었다. 딸이 자신을 기만했다며 그는 딸과 의절해 버렸다. 그리고 이제 샤
일록은 전보다 더 모든 기독교인들을, 특히 안토니오를 미워할 이유가 생겼다.

p.62~63   바사니오와 그라시아노는 샤일록을 도시 중심가에서 만났다.

"자, 여기 빚을 갚을 돈을 가져왔소. 흔쾌히 그 이상도 주겠소. 안토니오만 풀어준
다면 당신이 원하는 것은 무엇이든지 주겠소." 바사니오가 샤일록에게 말했다.

"싫소! 가버리시오! 당신의 돈 따위는 바라지 않소. 안토니오는 차용증서에 서명
했고 위약금에 대해 동의했소. 당신이 돈을 얼마를 주든 난 관심 없소. 난 내가 받기로
한 살덩이를 받을 것이오!" 샤일록이 말했다.

"제발, 내가 사정하겠소. 원하는 액수를 부르면 얼마든지 주겠소."

"난 안토니오의 살 1파운드만을 원하오. 그게 전부요." 샤일록이 말했다.

바사니오는 샤일록이 마음을 바꾸지 않을 것임을 깨달았다. 바사니오는 더 이상 가
장 사랑하는 친구를 위해 해 줄 일이 없었다. 단지 괴로운 마음으로 재판을 기다릴 수
밖에 없었다.

p.64~65   한편, 벨몬트의 포샤도 걱정이 되기 시작했다.

'아마 법관도 안토니오에게 불리하게 판결을 내릴 거야. 만약 그렇게 된다면 바사
니오는 자신을 절대 용서하지 못할 텐데. 내가 무언가를 해야 한다는 걸 알아! 사촌인
벨라지오에게 편지를 써야겠어. 그는 법관이니까 나를 도와줄 수 있을 거야.' 포샤가
생각했다.

포샤는 벨라지오에게 편지를 써서 왜 그녀가 이 사건에 관심을 갖는지 설명했다. 그녀는 벨라지오의 조언을 구했고 그가 법정에서 입는 옷들을 보내달라고 요청했다.

벨라지오의 조언을 담은 회신과 법복들이 곧 도착했다. 벨라지오는 회신에 자신이 베니스의 공작을 도와 그 재판을 심리하기로 위촉되었다고 썼다. 그는 포샤가 해야 할 일들을 알려주었다. 그리고 베니스의 공작에게 보내는 서신도 한 장 동봉해 주었다.

포샤는 벨라지오의 법복을 입고 네리사에게는 법원 서기의 옷을 입게 했다. 그리고 나서 두 사람은 지체 없이 출발해 재판 당일 베니스에 도착했다.

p.66~67 두 여인은 사건이 심리되기 바로 전에 법정으로 들어왔다. 베니스의 공작이 재판을 주관하고 있었다. 사람들 모두가 며칠 전부터 이 재판에 대해 이야기해 왔던 터라 법정 안은 사람들로 가득 차 있었다. 그들은 모두 샤일록이 비열하고 탐욕스럽다는 사실을 알고 있었다. 그리고 안토니오가 친절하고 남을 기꺼이 도와주었기 때문에 그를 매우 좋아했다. 사람들은 모두 안토니오에게 어떤 일이 일어날지 알고 싶어했다. 이것은 매우 중요한 재판이었다.

포샤는 공작에게 벨라지오로부터 받은 서신을 건넸다. 서신에는 벨라지오가 몸이 매우 아파 심리를 할 수 없다고 되어 있었다. 그리고 이 서신을 가져가는 젊은 법관에게 그를 대신하게 해 달라고 요청하고 있었다.

공작은 법관이 너무 어려 보여 놀랐지만, 그가 심리를 하는 데 동의했다. 법복이나 법관의 머리가발로도 포샤의 앳된 외모를 숨길 수 없었다.

포샤는 법정 안에서 바사니오를 보았지만, 그는 변장한 그녀를 알아채지 못했다. 바사니오는 안토니오의 옆에 서 있었다. 그가 자신의 친구를 매우 걱정하고 있음을 포샤는 알 수 있었다. 포샤는 자신이 중요한 임무를 맡은 것을 느꼈고, 오히려 그 때문에 용기가 솟았다.

바로 그때, 재판 위원이 청중들에게 정숙하도록 촉구했다. 재판이 곧 시작될 것이었다.

p.70~71 재판이 시작되자 공작이 안토니오에게 말했다.

"참으로 유감스럽게 됐소. 당신 상대는 비정한 냉혈한이요. 샤일록은 동정심이나 자비라고는 찾아볼 수 없는 자요."

"공작님께서 그자의 마음을 돌리려고 무척이나 애써 주셨다고 들어 알고 있습니다. 친절을 베풀어 주신 것에 감사를 드립니다. 하지만 그자가 고집을 꺾으려 들지 않고 법도 저를 살릴 수 없습니다. 그러니 저는 그저 묵묵히 평온한 마음으로 그자의 분노를 견디어낼 것입니다."

이윽고 공작은 샤일록을 법정으로 불러들였다. 샤일록은 오만한 표정을 지은 채 법정 안으로 들어왔다.

"샤일록, 당신은 안토니오를 너무 미워한 나머지 이 일을 꾸민 것을 잘 알고 있소. 하지만 모두들 당신이 단지 안토니오를 겁주려 한다고 생각하고 있소. 나 또한 그렇게 생각하오. 마지막에 가서는 당신이 마음을 돌리리라고 믿소. 살 1파운드의 위약금은 잊어주시오. 당신이 이런 요구를 해야 할 이유가 과연 무엇이오? 그건 비정한 짓이오. 모두 당신이 동정심을 베풀 거라고 믿고 있소, 유대인." 공작이 말했다.

"소인은 이미 공작님께 제가 원하는 바를 말씀 드렸습니다." 샤일록이 말했다. "소인은 그걸 받고야 말 것입니다. 그건 법이 정한 제 권리니까요. 공작님께서 법을 무시하시면 누구도 이 도시에서 상거래를 하려고 하지 않을 겁니다. 공작님께서는 소인에게 왜 살 1파운드를 고집하느냐고 물으시지요. 그저 제가 원할 따름이고 또 제가 안토니오를 싫어하기 때문이라고 답변 드릴 뿐입니다."

p.72~73 바사니오는 너무 화가 나서 가만히 듣고 있을 수 없었다.

"그런 답변으로 당신의 잔인함이 용납되리라고 생각하지 마시오!" 바사니오가 외쳤다.

"당신에게 변명해야 할 이유는 내게 없소! 당신이 날 어떻게 생각하든 상관하지 않소!" 샤일록이 소리쳤다.

"저 유대인과 논쟁해 봤자 헛수고입니다, 공작님." 안토니오가 말했다. "차라리 해

변에 나가 파도에게 멈추라고 하는 편이 낫습니다. 제발 더 이상 논쟁하지 말고 판결을 내려 주셔서 저 유대인이 원하는 대로 빚을 갚을 수 있도록 해 주십시오.”

“6천 더커트를 주겠소.” 바사니오가 샤일록에게 돈을 내밀며 말했다. “이건 빌린 금액의 두 배요. 자, 여기 있소! 가져 가시오.”

“3만 6천 더커트를 준다 해도 받아들일 마음이 없소. 안토니오가 물기로 한 위약금을 원할 뿐이오.” 샤일록이 말했다.

베니스 공작은 다시 한번 위약금에 대한 생각을 거두라며 샤일록을 설득했지만, 실패하고 말았다.

“제가 뭘 잘못했다고 이러십니까?” 샤일록이 물었다. “여러분들에게는 노예가 여럿 되고 그들을 짐승처럼 부리지요. 돈을 주고 샀다는 이유로 노예들을 개나 짐 나르는 짐승처럼 취급할 수 있다고 생각하죠. 만일 제가 그들을 풀어주라고 요청한다면 어떻겠습니까? 그러면 여러분은 노예는 주인이 원하는 걸 뭐든지 하는 당신들의 소유라고 말하겠지요. 자, 저도 마찬가지입니다. 안토니오는 빚을 못 갚았으니 그의 살 1파운드는 제 것입니다. 법적으로 제 소유이니 제가 가져야겠습니다. 전 공정한 판결을 내려달라는 것입니다. 살을 내게 주시오!”

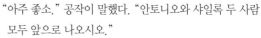 공작은 샤일록의 마음을 바꾸는 것을 포기했다. 더 이상 할말이 없었으므로 공작은 포샤 쪽으로 몸을 돌렸다.

“이리 와서 나와 합석하시오.” 공작이 말했다.

포샤는 공작 옆으로 가서 앉았다.

“사건 내용은 들어 알고 있소?”

“그렇습니다. 벨라지오 법관께서 상세하게 설명해 주셨습니다.” 포샤가 말했다.

“아주 좋소.” 공작이 말했다. “안토니오와 샤일록 두 사람 모두 앞으로 나오시오.”

안토니오와 샤일록은 법관 앞에 나와 섰다.

“샤일록, 이것은 매우 이상한 소송이긴 하지만 베니스의 법의 허용 범위 안에 있으니 진행하겠소. 안토니오, 이 차용증서 내용이 사실이오?” 포샤가 물었다.

“그렇습니다.” 안토니오가 대답했다.

“그럼 유대인 측에서 자비를 베풀어야겠군.” 포샤가 말했다.

"제가 그래야 할 이유라도 있나요? 말씀해 보세요." 샤일록이 말했다.

"자비를 베푸는 것은 축복이기 때문이오." 포샤가 말하기 시작했다. "자비는 하늘에서 땅 위로 떨어지는 부드러운 비와 같은 것이오. 주는 사람에게도 축복이요, 받는 사람에게도 축복이오. 생각해 보시오, 샤일록! 우리는 모두 이 땅에서 정의를 구하오. 하지만 자비를 베풀지 않는 정의는 소용없는 것이오. 우리가 죽으면 신에게 우리의 죄를 용서해 달라고 빌지요. 우리는 모두 신에게 자비를 베풀어 달라고 기도하오. 그런 기도를 통해 우리는 스스로 자비를 베풀어야 한다는 걸 배우게 되지요."

"될 대로 되라고 하시오!" 샤일록이 소리질렀다. "법대로 내 살 1파운드를 달란 말이오."

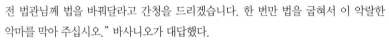

p.76~77 포샤는 샤일록을 잠시 바라본 후 바사니오에게 돌아섰다.

"당신이 안토니오의 빚을 갚을 수 있소?" 포샤가 물었다.

"그렇습니다. 전 두 배의 액수를 법정에 가지고 왔고, 이 돈으로도 부족하다면 열 배라도 지불할 수 있습니다. 만일 샤일록이 이 제안을 받아들이지 않는다면, 전 법관님께 법을 바꿔달라고 간청을 드리겠습니다. 한 번만 법을 굽혀서 이 악랄한 악마를 막아 주십시오." 바사니오가 대답했다.

"내게는 법을 바꿀 힘이 없소. 차용증서를 보여 주시오." 포샤가 말했다.

샤일록이 증서를 건네자 포샤는 그것을 주의 깊게 읽었다.

"이 차용증서는 합법적이오." 포샤가 침착하게 말했다. "이 유대인은 법에 따라 살 1파운드를 요구할 수 있소. 살은 샤일록에 의해 안토니오의 심장에서 가까운 곳에서 베어져야 하오."

포샤는 샤일록을 바라보며 말을 이었다. "자비를 베푸시오. 빌려준 돈의 세 배를 받고 내가 이 증서를 찢어버리게 해 주시오."

"안토니오의 위약금을 받을 때 이 증서를 찢어버리지요!" 샤일록이 소리질렀다. "님은 훌륭한 법관 같아 보이시는군요. 법도 아시고 법 해석도 나무랄 데 없으십니다. 전 법대로 처리해 주십사 요청 드립니다. 제가 맹세하건대 사람이 하는 어떤 말로도 제 결심을 바꿀 수는 없습니다. 전 제 소유의 살덩이를 원할 뿐입니다. 그것은 제 권리니까요."

"그것은 당신의 권리이자 법이오. 그럼 안토니오는 당신의 칼을 받을 준비를 해야 겠군."

샤일록은 뛸 듯이 기뻤다! 샤일록은 젊은 법관을 축복하고, 법관이 겉보기보다 훨씬 성숙하고 현명하다며 칭송해마지 않았다.

"법의 목적은 증서에 명시되어 있는 그대로 위약금을 부과하는 데 있소." 포샤가 말했다. "살의 무게를 달아볼 저울은 준비되어 있소, 샤일록?"

"제가 다 대령해 놨습니다." 샤일록이 대답했다.

p.78~79 포샤는 안토니오를 가엾게 여기며 바라보았다.

"여보시오, 상인 양반. 달리 할 말이 있소?" 포샤가 말했다.

"특별히 없습니다." 안토니오가 힘없이 답했다.

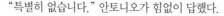

그는 바사니오를 향해 돌아서서 말했다. "난 준비되어 있네. 악수나 하세, 친구. 잘 있게! 이 일로 자신을 책망하거나 슬퍼하지 말게나. 자네의 훌륭한 부인에게 내 사연과 내가 어떻게 죽음을 맞이했는지 전해 주게. 내가 얼마나 자네를 사랑했는지 전하고 나에 대해 친절히 말해주게나. 이야기를 듣고 나면 자네 부인은 자네를 진심으로 아끼던 친구가 있었다는 걸 알게 될 걸세."

"안토니오, 나는 목숨만큼 소중한 아내를 얻었네. 하지만 내 목숨이나 내 아내도 자네만큼 소중하지는 않다네. 자네를 이 사악한 악마에게서 구할 수만 있다면 어떤 것을 준다 해도 아깝지 않네." 바사니오가 말했다.

"당신 부인을 하찮게 여기는 그 말을 들으면 부인이 그다지 고마워하지 않을 텐데." 포샤가 한마디 했다.

"저도 제 아내를 사랑합니다만 아내가 천국에 있었으면 좋겠습니다. 그러면 신께 고하여 저 고약한 유대인의 마음을 바꿔놓을 수 있지 않겠습니까?"

"아내가 죽기를 바라다니 당신은 참 좋은 사람이군요." 네리사가 쏘아붙였다.

"이것이 기독교인 남편들이 하는 짓이랍니다." 샤일록이 말했다. "제게도 기독교인과 결혼한 딸애가 있습니다. 차라리 그 애가 아무하고나 결혼한 편이 나았을 것 같군요. 심지어 도둑의 조상 바라바가 기독교인보다는 나을 겁니다!"

p.80~81 포샤는 마침내 최종 판결을 내렸다. 그녀는 샤일록을 똑바로 바라보았다.

"안토니오의 살 1파운드는 당신 것이오. 법정이 인정하고 또 법이 허락하는 바요. 그리고 살은 그의 가슴 부위에서 잘라내야 하오."

"감사합니다, 법관님!" 샤일록이 탄성을 내질렀다.

그는 다시 한번 자신의 긴 칼을 갈더니 안토니오를 노려보며 소리쳤다.

"자, 칼을 받을 준비를 해라!"

"잠깐 기다리시오! 더 일러둘 말이 있소. 이 증서는 단 한 방울의 피도 당신에게 주지 않고 있소. 법적으로 살 1파운드는 당신 것이오. 하지만 기독교인의 피를 한 방울이라도 흘린다면, 당신은 큰 곤경에 처하게 될 것이오. 당신의 땅과 재산은 베니스 법에 의거, 모두 몰수될 것이오." 포샤가 말했다.

샤일록은 무슨 말을 해야 할지 몰랐다. 샤일록의 얼굴은 분노로 벌겋게 달아올랐다.

"믿을 수 없소! 이건 말도 안 됩니다! 어떻게 피를 흘리지 않고 살을 베어낼 수 있단 말이오?" 샤일록이 소리를 질렀다.

법정 안의 군중들은 젊은 법관을 향해 환호성을 질렀다. 젊은 법관은 차용증서의 정확한 용어를 이용해서 안토니오를 구해냈다. 증서에 피를 가질 수 있다는 언급이 없었으므로, 샤일록은 안토니오의 살 한 점도 떼어낼 수 없게 된 것이다!

p.82~83 안토니오의 친구들은 너무 기뻐서 환호성을 질렀다.

"오, 멋진 법관님! 잘 봐라, 유대인. 학식이 대단하신 법관님이시다!" 바사니오가 외쳤다.

"법이 그렇다는 걸 확신하십니까?" 샤일록이 포샤에게 물었다.

"법 조항을 직접 읽어보시오. 당신은 정의를 원했으니 갖게 될 것이오. 그리고 저 상인과 이 법정 또한 그럴 것이오." 포샤가 말했다.

"오, 현명한 법관님이시여! 보라니까, 유대인, 뛰어난 법관님이 아닌가 말이야!" 이번엔 그라시아노가 외쳤다.

"그럼 먼저의 제안을 받아들이겠어요. 빌려준 대금의 두 배를 내면 이 기독교인을 풀어 주겠소." 샤일록이 실망에 가득 찬 얼굴로 말했다.

바사니오가 샤일록에게 돈을 내밀었다. 유대인은 손을 뻗어 그것을 잡으려 했다.

"멈추시오!" 포샤가 말했다. "이자는 이미 그 제안을 거부했소. 증서에 적힌 위약 금만을 받을 수 있소."

"3천 더커트만이라도 받을 수 없을까요?" 샤일록이 물었다.

"안 되오. 이미 당신에게 말했소. 법은 명백한 것이니 당신은 살점 밖에는 받을 게 없소. 그걸 가져가되 당신이 처한 위험에 주의하시오." 포샤가 대답했다.

"그럼 그 돈을 갖든 말든 마음대로 하시오!" 샤일록은 이렇게 소리를 지르며 그의 저울을 챙겨 들었다.

"잠깐." 포샤가 그를 제지했다. "또 한 가지가 있소. 베니스 법은 살인을 하려고 한 자에 대해서 강력한 형벌을 내리오. 그자의 재산의 반은 그자가 살해하려 했던 자가 가질 수 있소. 나머지 반은 국가가 몰수한다고 되어 있소. 그리고 죄인의 목숨은 공작님의 손에 달려 있소. 그러니 무릎을 꿇고 공작 전하의 자비를 구하시오."

p.84~85 공작은 안토니오가 살아난 것에 안도해서 관대하게 말했다.

"이제 당신은 자비가 무엇인지 보게 될 것이오, 샤일록. 살려달라고 빌기 전에 목숨을 살려주겠소. 당신은 살 것이오. 하지만 당신 재산의 반은 안토니오의 것이 되며, 나머지 반은 국고에 귀속될 것이오."

"아니오, 죽여 주시오! 내 재산을 모두 가져간다면 난 살아갈 방도가 없소. 죽는 편이 낫소!" 샤일록이 말했다.

"잠시만요." 안토니오가 끼어들었다. "제가 요청하는 대로 샤일록이 해 준다면 저유대인의 재산 중 제 몫을 포기하겠습니다."

"그것이 무엇인가?" 포샤가 물었다.

안토니오는 샤일록의 딸이 최근에 자신의 친구인 로렌조와 결혼한 사실을 알고 있었다. 샤일록은 그 일로 딸의 상속권을 박탈해 버렸던 것이다.

"샤일록이 자신의 딸에게 상속한다고 유언장에 서명하는 것입니다. 그가 죽을 때 딸과 사위에게 재산의 반을 주겠다고요." 안토니오가 말했다.

"동의하시오, 유대인? 어떻게 하겠소?" 포샤가 물었다.

샤일록은 선택의 여지가 없음을 깨달았으므로 그렇게 하겠다고 했다.

"이제 가게 해 주십시오. 전 몸이 좋지 않습니다. 유언장을 작성하여 집으로 보내주십시오. 서명하겠습니다." 그가 간청했다.

"물러가도 좋소. 하지만 유언장에 반드시 서명해야 하오." 공작이 말했다.

샤일록은 비가 오는 거리로 나가 집으로 걸어가기 시작했다. 그는 정말 몸이 아파 보였다. 자신이 무엇을 잃었는지 깨닫자 점점 더 아파지기 시작했다.

p.88~89 샤일록이 떠난 후 공작은 안토니오를 풀어주었다. 그리고 포샤에게 잠시 더 머물러 주기를 청했다.

"당신의 법에 대한 지식에 감탄했소. 그 이상 뛰어난 판결을 요청할 수 없었을 거요. 내 집으로 가서 함께 저녁을 듭시다. 아내도 당신의 동석을 반길 거요."

그러나 포샤는 집으로 돌아가 바사니오를 제 시간에 맞고 싶었기 때문에 "감사 드립니다, 공작 전하. 영광입니다만 저는 즉시 떠나야만 합니다." 라고 말했다.

"잘 알았소. 다음에 한번 방문하여 식사를 함께 합시다."

공작은 이렇게 말하고는 안토니오를 향해 "이 법관에게 후사하시오. 그에게 큰 빚을 졌으니." 라고 말했다.

모두 절하는 가운데 공작이 법정을 떠났다.

p.90~91 "훌륭하신 법관님, 저와 제 친구가 귀하의 지혜 덕에 목숨을 구했습니다. 정말 감사드립니다. 유대인에게 주려 했던 이 3천 더커트를 부디 받아주십시오." 바사니오가 포샤에게 말했다.

"평생 법관님에게 큰 빚을 졌습니다." 안토니오가 말했다.

"고맙지만 돈을 받을 수 없습니다." 포샤가 말했다.

"그럼 선물이라도 드리고 싶습니다. 무엇이든 말씀해 보세요." 바사니오가 말했다.

그때 포샤의 눈에는 자신이 바사니오에게 주었던 반지가 보였다. 포샤는 남편을 놀려 주기로 했다.

"당신의 반지를 받고 싶군요."

바사니오는 이 요구에 깜짝 놀라서 말했다.

"죄송합니다만 이 반지를 드릴 수는 없습니다. 이것은 아내에게 받은 선물이고 절대로 빼지 않겠다고 맹세했어요. 베니스에서 가장 값나가는 반지를 사 드릴 테니 제발 이 반지만은 요구하지 말아 주십시오."

"절 거지로 취급하시니 기분이 상하는군요."

포샤는 이렇게 말하며 네리사와 함께 자리를 떴다. 포샤는 화가 난 것처럼 보였지만, 사실은 매우 기뻤다.

p.92~93 "바사니오, 법관께 그 반지를 드리게." 안토니오가 말했다. "우리를 위해 큰 일을 해주시지 않았나. 자네 부인이 화를 낼지도 모르지만 우린 그분께 모든 것을 빚졌네. 자네 부인에게 사실을 잘 설명한다면 그녀도 이해할 걸세."

바사니오는 부끄러워져서 반지를 빼어 그라시아노를 시켜 포샤에게 가져다 주게 했다. 그라시아노가 포샤를 쫓아가 반지를 내밀자 포샤는 공손하게 받아 들었다.

"감사의 뜻을 친구분께 전해 주십시오. 매우 친절한 분이시군요." 포샤가 말했다.

네리사는 그라시아노 또한 자신의 반지를 포기할 수 있는지 알고 싶었다. 그래서 그에게 "저도 재판에서 법관님을 도와 드렸습니다. 당신의 반지를 받을 수 있을까요?"라고 말했다.

그라시아노는 잠시 머뭇거렸지만, 자신의 친구보다 관대함에서 뒤지고 싶지 않았던

그는 반지를 빼주고 말았다.

그라시아노가 사라지자 두 여인은 신나게 웃었다. 두 여인은 반지가 없어진 것을 꼬투리 삼아 남편들을 놀리고 싶어 견딜 수 없었다. 하지만 한편 마무리 지어야 할 일이 있었다.

"어서 샤일록의 집에 가서 그자의 맘이 바뀌기 전에 유언장에 서명하게 하자." 포샤가 말했다.

"혹은 그자가 모든 재산을 가지고 베니스를 떠나기 전에 말이죠." 네리사가 말했다.

"그리고 나서 남편들이 돌아오기 전에 우리가 먼저 벨

몬트에 도착해야 해." 포샤가 웃으며 말했다.

p.94~95 집으로 돌아오는 동안 포샤는 선행을 하고 난 후 찾아
오는 행복감을 느꼈다. 모든 것이 예전보다 밝고 선명해 보였
다. 달빛은 그 어느 때보다도 더 환하게 빛나고 있었다. 그
리고 자신의 집이 눈에 들어오자 환영하는 듯한 불빛이 훈
훈함을 느끼게 해주었다.

"선행은 사악한 세상에 등불이 되는구나. 램프 불빛이
내 집에서 어둠을 몰아내듯이 말이야." 포샤가 말했다.

곧 포샤와 네리사는 집에 도착했다. 둘은 바사니오와 그라시아
노가 아직 집에 도착하지 않은 사실에 안도했다. 그들은 자신들의 옷으로 갈아입고 남
편들을 기다렸다. 오래지 않아 하인이 방으로 들어왔다.

"마님, 주인님과 친구분들께서 오고 계십니다. 마차가 다가오는 소리가 들립니다."
하인이 말했다.

"네리사, 가서 하인들에게 우리가 집을 떠났던 사실을 말하지 말라고 해." 포샤가
재빠르게 말했다.

p.96~97 두 남자가 집으로 들어올 때 안토니오도 그들과 함께 있었다. 바사니오가
포샤에게 안토니오를 소개하고 법정에서 있었던 일들을 재빨리 설명해 주었다.

"저희 집에 오신 걸 환영합니다. 원하시는 만큼 머물러 주세요. 그리고 승소하신 것
을 축하 드립니다." 포샤가 안토니오에게 말했다.

바로 그때, 방의 한 구석에서 네리사가 남편과 다투는 소리가 들렸다.

"아니, 벌써 싸우는 거야? 대체 무슨 일이야, 네리사?" 포샤가 물었다.

"부인, 네리사가 제게 주었던 반지에 대해 이야기하고 있었습니다." 그라시아노가
대답했다.

"목숨 끊어지는 날까지 끼고 있겠다고 맹세하더니 지금 하는 말이 법관의 서기에게
주었다지 뭐예요! 여자에게 준 걸 제가 모르는 줄 아나 봐요." 네리사가 소리 질렀다.

"맹세코 젊은 남자에게 주었소. 키도 당신 정도밖에 안 되는 청년이었소, 네리사.
안토니오의 목숨을 구해 준 법관의 서기였다고. 반지를 달라고 하는데 거절할 수 있어
야지." 그라시아노가 대답했다.

"음, 어쨌거나 당신이 잘못한 거예요, 그라시아노. 어떻게 아내의 첫 선물을 그렇게 주어버릴 수 있어요? 저도 바사니오 님께 반지를 드렸어요. 바사니오 님은 영원히 빼지 않겠다고 맹세하셨고 확신하건대 그분은 어떤 이유로라도 반지를 다른 사람에게 주지 않으셨을 거예요." 포샤가 말했다.

p.98~99 포샤가 하는 말을 듣고 있던 바사니오는 죄책감이 들었다.

'차라리 내 왼손을 잘라버리고 반지도 함께 잃어버렸다고 할 것을! 이제 고백할 수밖에 없군.' 바사니오가 생각했다.

그는 포샤 옆에 무릎을 꿇고 앉아 자신의 손가락을 보여 주었다. 반지는 사라지고 없었다!

"내 사랑, 정말 미안하오. 안토니오의 목숨을 구하신 법관이 반지를 요구하기에 그분께 드렸소. 안토니오를 구하기 위해서라면 무엇이든 주었을 거요. 안토니오는 나의 가장 소중한 친구이고 그가 위험에 빠져 있었지 않소. 그밖에 달리 내가 무얼 할 수 있었겠소?" 바사니오가 말했다.

"그 반지를 그렇게 소중히 여기지 않으시다니요, 바사니오 님." 포샤가 화를 내며 말했다. "그리고 전 당신의 이야기를 믿을 수 없어요. 당신은 그 반지를 남자에게 준 것이 아니에요. 사실은 여자에게 주셨을 거예요."

"아니오, 내 사랑. 당신이 잘못 생각한 거요! 맹세하건대 어떤 여자에게도 주지 않았소. 그 법관이 3천 더키트를 주겠다고 해도 싫다고 하면서 반지를 요구하지 뭐요. 내가 그건 안 되겠다고 했더니 화를 내며 가버리는 거요. 달리 도리가 없지 않았겠소, 포샤? 당신도 그 자리에 있었더라면 법관에게 반지를 주라고 나에게 간청했을 거요."

p.100~101 안토니오는 두 쌍의 다투는 소리를 들었다. 자신이 바사니오에게 반지를 법관에게 주라고 말했었기 때문에 상심이 컸다.

"포샤 님." 안토니오가 마침내 입을 열었다. "이런 다툼들이 일어나다니 가슴이 아프군요. 바사니오가 법관에게 반지를 주는 것을 내가 보았소. 그 법관이 아니라면 난 지금쯤 죽은 목숨일 겁니다. 난 평생 동안 바사니오를 알아
왔습니다. 다시는 그가 부인의 신의를 저버리는 일은 없을
겁니다."

"당신을 믿어요. 제 남편에게 이 반지를 드리고 부디 지난
번 것보다 더 잘 간직하라고 일러 주세요!" 포샤가 말했다.

그녀는 반지를 안토니오에게 건넸고, 안토니오는 그것을 바사니오에게 주었다.

"이게 어찌된 일이야! 내가 법관에게 준 것과 같은 반지잖아!" 바사니오가 외쳤다.

"제 이야기를 듣고 더 놀랄 준비나 하세요."

포샤는 남자들에게 자신이 젊은 법관이 되고 네리사가 서기가 되었던 경위를 설명
해 주었다. 바사니오는 너무나 놀라 말도 나오지 않았다!

'얼마나 용기 있는 여자인가! 사랑하는 아내가 내 가장 절친한 친구의 목숨을 구해
주었어. 가능하다고 생각했던 것보다 더 그녀를 사랑해.' 감탄에 찬 바사니오는 이렇
게 생각했다.

p.102~103 바로 그때, 하인이 포샤에게 서신을 가지고 왔다. 포샤는 그것을 재빠르
게 읽더니 안토니오에게 건넸다.

"이 편지를 자세히 읽어보세요." 포샤가 말했다. "하지만 제가 먼저 이야기하게 해
주세요. 안토니오 님의 모든 배들이 난파된 것으로 생각됐어요. 하지만 그 중 세 척이
베니스로 귀환해서 항구에 무사히 정박해 있다는 소식이에요."

"다정한 부인, 내게 생명과 재산 모두를 돌려주셨군요!" 바사니오가 기쁨에 찬 소
리를 질렀다.

포샤가 말을 이었다. "또한 당신의 친구 로렌조에게도 기쁜 소식이 있답니다. 여기
제시카 부친의 유언장이 있어요. 베니스를 떠날 때 제가 샤일록에게 받아 왔답니다.
그가 죽으면 재산의 반은 로렌조와 제시카에게 상속된답니다!"

"내 사랑, 이런 일을 가능하게 하다니 영원히 당신에게 감사해야겠소!" 바사니오
가 말했다.

그 젊은이들은 그 동안 일어났던 일들에 대해 왁자지껄하게 이야기하기 시작했다.
모두들 사건의 결말에 대해 만족해했다. 그리고 그들 모두의 미래는 이제 밝고 희망에
가득 차 있었다!

YBM
Reading
Library
독해력완성프로젝트